Sind Sie öfter hier?

Das Buch

Wer je auf einer Hochzeitsfeier zwischen schwerhöriger Patentante und angetrunkenem Exverlobten gesessen hat, weiß die Kunst der Konversation zu schätzen. Gerade den Deutschen ist die Gabe des guten Gesprächs nicht in die Wiege gelegt worden. Mit Damen nie über Politik reden, entfernte Bekannte nicht mit chronischen Gesundheitsproblemen behelligen – wenn sich die Gesetze der Konversation doch nur auf so einfache Regeln reduzieren ließen.

Mit Ironie und Leichtigkeit erklärt Tilman Spengler, was ein gelungenes Gespräch ausmacht. Seine Betrachtungen würzt er mit Anekdoten über stammelnde Talkshowgäste, aberwitzige Dialoge bei Tisch und deutsch-chinesische Verständigungsversuche.

Gebildet, aufmerksam, charmant und originell sollte man sein, um ein Gespräch auf höchstem Niveau zu führen – so unterhaltsam wie dieses Buch.

Der Autor

Tilman Spengler, 1947 in Oberhausen geboren, studierte Sinologie und arbeitete mehrere Jahre am Max-Plack-Institut für Sozialwissenschaften in Starnberg. Neben seiner akademischen Tätigkeit publiziert er u. a. regelmäßig in der *Zeit* und in *Geo*. Seit 1980 war er Mitherausgeber des *Kursbuch*. Er veröffentlichte zahlreiche Bücher, darunter die Romanbiographie *Lenins Hirn* (1991) und *Wenn Männer sich verheben* (1998). 2008 wurde ihm der Münchener Literaturpreis verliehen. Tilman Spengler lebt in Ambach am Starnberger See und in Berlin.

Tilman Spengler

Sind Sie öfter hier?

Von der Kunst, ein kluges Gespräch zu führen

List Taschenbuch

Besuchen Sie uns im Internet:
www.list-taschenbuch.de

Ungekürzte Ausgabe im List Taschenbuch
List ist ein Verlag der Ullstein Buchverlage GmbH, Berlin
1. Auflage Mai 2010
© Ullstein Buchverlage GmbH, Berlin 2009 / Ullstein Verlag
Konzeption: semper smile Werbeagentur GmbH, München
Umschlaggestaltung: Bürosüd° GmbH, München (nach einer Vorlage
von Sabine Wimmer, Berlin)
Titelabbildung: Franziska Biermann
Satz: hanseatenSatz-bremen, Bremen
Gesetzt aus der DTL Albertina Regular
Papier: Munken Print von Arctic Paper Munkedals AB, Schweden
Druck und Bindearbeiten: CPI – Clausen & Bosse, Leck
Printed in Germany
ISBN 978-3-548-60966-9

für c. h. m.

Inhalt

9   Aller Rede Anfang

17   Frühe Schäden

25   Ei und Henne

31   Kurzschluss

35   Nötigung

39   Die Kunst der Einführung

43   Lob der Frage

49   Spechtschlagrhythmus

57   Klagen

65   Im technischen Zeitalter

71   Erzwungene Gedanken über den
herrschaftsfreien Diskurs

79   Liebesgeflüster

85   »Sind Sie öfter hier?«

91   Kummerbund

99   Batavia – oder die Frage:
Ist das auch wahr?

107   Die Nudelsuppe

113   Der stille Toast

117   Sahnegeschnetzeltes

123 Bilderrätsel

129 Wie ihm der Schnabel gewachsen

135 Der richtige Ton

145 Dialogannahme

157 Spätes Leid

163 Trauerrede

169 Ambach

175 Register

Aller Rede Anfang

Wir können uns einbilden, attraktiver auszusehen, wenn wir dem einen oder anderen Modehinweis folgen. Oder verlockender zu riechen. Wir können auch lernen, raffinierter zu kochen, anmutiger Treppen zu steigen oder tiefer in die Ferne zu reisen. Unsere Gesellschaft und Wirtschaft offerieren ihren Subjekten mannigfaltige Möglichkeiten, ein gefälliges Bild ihrer selbst zu entwerfen oder entwerfen zu lassen.

Aber nachdem scheinbar alles gerichtet ist, die Frisur, die Bügelfalte, die Tischblumen, nachdem der *Personal Trainer* fürstlich entlohnt, das Aftershave gewandt einmassiert wurde, kommt es unweigerlich zu einer Situation, auf die uns keine herkömmliche Erziehung vorbereitet hat, eine Konstellation, für die jeder brauchbare Ratgeber fehlt. Wir müssen den Mund aufmachen und ein Gespräch führen.

Ein Gespräch!

Bedenkt man allein die Beträge, die seit undenklichen Zeiten Jahr für Jahr in Deutschland für die Erhaltung des Zahnbestandes ausgegeben werden, für die sozusagen schlicht materiellen Voraussetzungen einer Konversation, und vergleicht man diese Summe mit den Investitionen in die Kunst der Unterhaltung, wird deutlich, worin das Problem liegt. Alle Gelder gehen, marxistisch gesprochen, in die Basis, nichts bleibt für den Überbau.

Das ist nicht nur ein deutsches Problem, es ist aber ein in Deutschland besonders garstiges Problem.

Nein, die Rede ist hier nicht von Bildungsnöten, von verlorengegangenen Kanons, von Rückständen in der kulturellen Entwicklung im Vergleich zu angrenzenden Nationen. Alles, was zu diesen Themen gesagt wurde, duldet kaum einen gescheiten Zweifel und dringt dem empfindsamen Zuhörer auf angenehme Weise nachhaltig alarmierend ans Ohr.

Aber Bildung ist seit jeher immer nur eine dienende Magd der gelungenen Unterhaltung gewesen. Zum rechten Zeitpunkt eingesetzt, kann sie mit ihren Diensten beleben, gewiss, wird sie aber zu häufig herbeigerufen, plärren ständig die Zitate, dann senkt sich strafend der Mehltau über die Gesprächsrunde. Dort, wo es meist witziger zugeht als hierzulande, bei den englischen Nachbarn etwa, gilt das allzu auffällige Hervorzeigen der eigenen Gelehrsamkeit (oder dessen, was man dafür hält), daher zu Recht nachgerade als obszön.

Wer einmal Zeuge einer Unterhaltung war, wie jener zwischen den drei Herren, denen ich gestern beim Einsteigen ins Flugzeug nach Berlin begegnete, wird wissen, vielleicht fürchten, wovon hier die Rede ist:

»Das ist ja der Hammer. Sie hier zu treffen ist ja der Hammer. Auch nach Berlin? Mit dem Flugzeug! Das ist ja echt der Hammer.«

»Wirklich der Hammer. Das ist doch gar nicht möglich. Echt cool.«

»Letztes Mal haben wir uns doch auch im Flieger getroffen. Erinnern Sie sich? Echt der Hammer.«

»Krass, echt.«

Ich breche die Wiedergabe hier ab, der Leser kann sie durch beliebige neue Kombinationen der Wörter »Hammer«, »cool«, »krass« und »echt« zu einem unendlichen Basso ostinato erweitern. Nicht auszuschließen, dass die Männer auf dem Rückflug noch einmal in ihren Rap einstimmen und dann mit den Fingern schnippen. Gut möglich auch, dass sie auf einen Restaurantbesuch zu sprechen kommen und mit frisch gesäuberten Fingern die Worte »super lecker« aus ihrem Sprachschatz hervorkramen. Hinzugefügt werden muss aber unbedingt, dass die Reisenden das mittlere Alter noch nicht ganz erreicht haben, tadellos geschnittene, mithin auf die Bank- oder Immobilienbranche *vor* der Finanzkrise verweisende Anzüge tragen und umfängliche Zeitungen unter den Arm geklemmt halten, die als sogenannte Meinungsblätter eine überregionale Kundschaft erreichen.

Vermutlich steuern die Männer im Flugzeug somit nicht unerhebliche Scherflein zur Steigerung des Bruttosozialproduktes bei, ihr kämpferisches Auftreten spricht dafür. Und es ist wohl zudem noch jener fast kurienhaft schmucke Zug in ihrem Auftreten, der mich über die möglichen Zusammenhänge zwischen ihrer Heiterkeit und dem Unvermögen, diesem Gefühl eine angemessene Sprachform zu verleihen, ein wenig tiefer nachdenken lässt.

Das geschieht nicht auf der Stelle, sondern wenige Wochen später, nach dem ersten Akt des *Siegfried*, wir befinden uns jetzt in Bayreuth.

Lässt sich nicht, frage ich mich, umgeben von den bekannten Papageien in buntem oder schwarzweißem Federkleid, die zu den allfälligen Eröffnungsfeiern auf den Hügel ziehen, lässt sich nicht eine kulturelle Verbindung aufzeigen, die von den maulfaulen Helden der deutschen Sagen direkt oder indirekt zu den Unzulänglichkeiten der deutschen, vorzüglich der männlichen deutschen Gesprächsführung führt? Eine Linie, die das Gekreisch der Papageien einschließt, welche jetzt laut rufen:

»Super Tenor, echt, wirklich super Tenor!«, oder
»Richtig geiles Hämmern in dieser Schmiede!«

Üben wir uns in einem Schweigen, das anerkennend als »beredt« oder »vielsagend« bezeichnet wird, oder in markigen Einwortsätzen, weil hierzulande die Kunst der geistreichen Konversation unter dem Rubrum »flinkes Mundwerk« abgehandelt wird und den Makel der Leichtfüßigkeit trägt, wo doch das Gute angeblich nur im Schweren ruht?

»Es muss aber einen Unterschied machen«, gebe ich meiner Begleiterin zu bedenken, »ob eine der bedeutenden kulturellen Leitfiguren einer Nation Platon heißt oder Shakespeare oder vielleicht Diderot, was weiß ich, Cervantes, oder eben Siegfried.«

Meine Begleiterin kann nicht antworten, da sie gerade mit großer Anmut ihre Rostbratwurst an die Lippen gesetzt hat.

»Für die Deutschen, behaupte ich jetzt einmal, war Siegfried prägend. Wie klug er redet, haben wir ja gerade gehört. Andere Kulturen stellen ihre Geburtsstunde als langes geistreiches Gespräch dar. Denken Sie an Konfuzius oder eben Platon. Und wir? Wir haben Siegfried, den seine Unwissenheit auszeichnet, seine rein körperliche Überlegenheit und dazu noch sein Hang zu kurzen Sätzen im Indikativ. Oder nehmen Sie Parzival. Der hätte um ein Haar das Schlimmste angerichtet, weil er seinen Mund nicht aufbekam.«

»Die Figur des Parzival kann man nur sehr bedingt als deutschen Nationalhelden bezeichnen«, entgegnet die Dame, die sich in derlei Zusammenhängen auskennt. »Sie sollten da kulturtechnisch eher an Frankreich denken oder an Irland.«

»Mir geht es um den Idealtypus der Verehrung«, sage ich, spüre dabei allerdings, wie sich das Mundwerk schon zu einer kleinen Festung rüstet. Wortkarg zu sein ist die eine Sache, rechthaberisch die andere. Irgendwie hängen die beiden Einstellungen oft auch auf unschöne Weise miteinander zusammen. Also bemühe ich eine weitere Erinnerung, der Anlass liegt noch nicht lange zurück. Im Mittelpunkt steht ein deutscher Diplomat, der sein für ihn und unsere Republik nicht unbedingt schmeichelhaftes Verhandlungsergebnis mit dem Satz kommentiert hat:

»Ein Mann, ein Wort!«

Ein Mann, den sah ich vor mir, doch warum in aller Welt nur *ein* Wort? An Siegfried kann man das Einfältige der Sprache bemängeln, aber immerhin singt er viele Stunden. Der Diplomat wiederholt hingegen nur seine vier Worte und streicht mit teutonischem Trotz über die hohe Stirn. Blitzschnell wird mir klar, was der Philosoph Nietzsche mit seinem Wort gemeint haben musste, die Dinge dieser Welt würden durch Sprache erschaffen.

Oder eben auch nicht.

Reden wir von Kulturverfall? Das wäre schön, denn damit bliebe ja die Sehnsucht nach dem Verlorenen. Der Traum von einem deutschen Salon, in dem, sagen wir, der greise Alexander von Humboldt einem faszinierten Publikum von seinen weiten Reisen berichtet. Den jeden Atem verschlagenden Entdeckungen einer unbekannten Welt. Den grauenvollen Entbehrungen der

Expedition. Wir können uns die Szene bis in den Reiz ihrer Schatten vorstellen: Ein Berliner Herbstabend, Kerzenlicht im Potsdamer Schloss, der Vortragende mit feurigen Augen die Morgennebel auf dem Chimborazo beschwörend, sein Herrscher, Friedrich Wilhelm IV., mit majestätischer Spannung lauschend, während seine Gemahlin Elisabeth die Stickerei unterbricht, als es in die erste Schlucht des Berges geht, dort, wo die wilden Hieleros, die abenteuerlichen Bergarbeiter, ihre mit den Zähnen geschärften Holzpickel in die Gletscherarme treiben.

Mit den Zähnen geschärft?

Junge Hofdamen wölben Augenbrauen, halten drei schlanke Finger vor den Mund. Junge Diplomaten reichen ihnen zur Beruhigung die Hand oder ein Riechwasserfläschchen.

Für Liebhaber von Kulturverlusten wäre es ja sehr schön gewesen, hätte die Geschichte sich so zugetragen. Von Otto von Bismarck, der für uns den Salon beschrieben hat, wissen wir leider, dass alles ganz anders war. Der Gelehrte liest schleppend aus seinem Buch vor, der König blättert abwesend in einer Illustrierten, die jungen Dinger können es kaum erwarten, bis endlich zum Tanz gebeten wird. Kein Gedanke an ein geistreiches Geben und Nehmen von Bergsteigeranekdoten. Möpse sollen gelangweilt auf dem Sofa gefurzt haben. Das Schloss hieß bekanntlich Sanssouci.

Das deutsche Unglück mit der Kunst der Konversation hat also keinen echten Anfang, aber verschiedene historische Zwischenstationen. Wir werden ihnen nachgehen.

Frühe Schäden

Die Szene spielt im Eingang eines Mietshauses. Ich klingele, um meinen Freund Peter abzuholen, wir haben denselben Schulweg. Peter öffnet die Wohnungstür im dritten Stock und ruft ein langgezogenes »Kooomme!«.

Die Tür wird geschlossen, Poltern im Treppenhaus, nachlässige Begrüßung, Besteigen der Fahrräder. Dann unmittelbar vor dem ersten Tritt ins Pedal öffnet sich ein Fenster, und es ertönt aus der Höhe der Ruf: »Peeeter!« Die Mutter lehnt im Bademantel über der Brüstung, einen Schal aus dunkelbrauner Wolle um den Kopf geschlungen. Dem Namen »Peter« gibt sie ein unmäßig ausgedehntes »e« mit auf den Weg. Und dann folgt unbarmherzig, Schulmorgen für Schulmorgen, die ins Schrille abzweigende Frage einer Mutter, die ihr Kind einmal mehr zum Opfer macht:

»Peeeter, hast du auch Löti-Löti gemacht?«

Die Seele eines Kindes, darin stimmen kundige Psychologen überein, gilt als besonders verletzlich. Wie es einem Zweit-, Dritt- oder Viertklässler ins Herz schneiden muss, wenn er in Gegenwart von Klassenkameraden, mithin in der peinlichsten Öffentlichkeit, die es für ihn überhaupt gibt, gefragt wird, ob er auch »Löti-Löti gemacht« habe, diese Frage kann sich der Betrachter auch ohne psychologische Hilfestellung beantworten.

Ich habe Peters Karriere nach unserer gemeinsamen Zeit in der Volksschule nicht mehr verfolgen können, bin aber überzeugt, dass sie in einen Beruf mündete, in dem es entweder sehr viel Anlass zu Gesprächen gibt oder in dem es um das genaue Gegenteil geht, eine Art mönchischer, besser trappistischer Verkehrsform. Vermutlich wurde er Programmierer, ein stiller Knecht der Großen Mutter Software.

Denn das »Löti-Löti« ist ja nur eine Chiffre für die zahllosen Verstümmelungen, die im frühkindlichen Alter als sprachliche Surrogate verabreicht werden. Unsere Kleinen müssen »Heia« machen und »Winkewinke«, das Auto ist ein »Tatü«, welches, wenn defekt, »put« ist, zu Tisch oder aus dem Fläschchen gibt es »Jamjam«, Liebesbezeugungen laufen unter dem Programm »Ei-ei«.

Oder so ähnlich. In jeder Familie werden eigene Codewörter ausgebrütet, von Mühchen, der Mutter, oder Bobatz, dem Großvater, den beiden Chefstrategen der erbarmungslosen Verniedlichung.

Dass kindlicher Spracherwerb überhaupt stattfindet, verdankt sich allein dem robusten Behauptungswillen der Heranwachsenden gegenüber einer Umwelt, welche die kleinen Ohren der ihr anvertrauten Brut mit Lallen und unsinnigen Verdoppelungen, mit Prusten und Stammeln vollmüllt, all dies zudem in einer nervtötend quiekenden Tonlage. Wer einmal nur kurz in ein deutsches Kinderzimmer gehorcht hat, wird keinen Zweifel mehr daran zulassen, dass die Fähigkeit zum Sprechen angeboren sein *muss*, sonst käme nie ein verständliches Wort aus den Kleinen heraus.

Angeboren, aber auch schrecklich gefährdet durch sogenannte Erziehende, die sich nicht scheuen, die Wehrlosigkeit der Kinder auszubeuten. Denn es sind ja die jungen Erwachsenen, denen es heute offenbar Vergnügen bereitet, die vermeintlich anstrengenden kulturellen Standards der Sprache zu verlassen und wieder lauthals zu brabbeln, ohne sich dafür genieren zu müssen.

Man erlebt übrigens einen ähnlich lustvollen Rückfall in frühkindliche Sprachformen bei den Besitzern von Haus- und Kleintieren. Die einschlägige Wissenschaft hat hier noch keine besonders eindrucksvollen Ergebnisse vorzuweisen, doch es wäre gewiss einer gründlichen Untersuchung wert, ob es sich bei der sogenannten Liebe zum Haustier nicht doch vornehmlich um das Ergebnis einer Flucht vor der gesprochenen Sprache und den Fährnissen ihrer Anwendung handelt.

Auffällig scheint mir auch, um wieder zum menschlichen Quieken zurückzukommen, das Beharrungsvermögen der post-uteralen Sprech- und Singweise in der Generation der heute Zwanzigjährigen, mithin jener

Generation, die pädagogisch vor den Schäden der 68er bewahrt werden sollte und die den Wunsch zur Infantilität schon durch das beständige Mitführen von Fläschchen dokumentiert.

Das Verhängnis der gestörten kindlichen Sprachentwicklung trifft naturgemäß beide Geschlechter auf unterschiedlich harte Weise, in diesem kleinen Kapitel will ich mich auf die Jungen konzentrieren. Ihr Schicksal scheint mir besonders grausam vorgezeichnet, gerade falls ihnen, wie im Falle meines Klassenkameraden Peter, keine Hilfestellungen in der Verführung zur Rede geleistet werden. Denn grausam ist es schon, wenn Kinder wie Peter sehr früh nur den Austausch von Sprachderivaten oder Kommandos als normalen Verlauf einer Konversation kennenlernen, wenn der Comic zum sprachlichen Kosmos wird, wenn die Frage nach »Löti-Löti« wieder und wieder aus einem Fenster im dritten Stockwerk schallt.

Es werden nämlich in relativ leicht voraussehbarer Weise verschiedene Helden, vielleicht sagen wir besser Autoritäten, in das Leben dieser Knaben treten, denen an nichts mehr gelegen zu sein scheint als an einer weiteren Reduzierung von Sprache auf die Alternativen: Stimmt oder Stimmt nicht. Geht oder Geht nicht.

Ich könnte hier über den gemeinen naturwissenschaftlichen Unterricht an den Lehranstalten früherer Tage sprechen, diese Exerzitien in kargen Sätzen des Indikativs, in denen stumm die schwarze Wandtafel mit

Formeln und Gleichungen gefüllt wurde, bis die Pausenglocke klingelte und der Lehrer sagte: »Merkt euch das!« Mir fielen auch Beispiele aus der Tanzschule ein (»Den Scheitel zur Decke, der Mund bleibt geschlossen!«), der Ohrenbeichte (»Wievielmal? Sag nur die Zahl!«) oder der Fahrschule (»Nicht reden, Gas geben!«). Doch stattdessen will ich die sportliche Ausbildung von Peter in spracherzieherischer Perspektive würdigen.

Wenn ein deutscher Sportlehrer seinen jungen Schülern erklärt, wie die Übung des einfachen Felgumschwungs am Reck zu bewältigen sei, wird er die Sprache eines Strichmännchens benutzen. Er wird die Übung zunächst von einem in den Bewegungsablauf bereits Eingeweihten vorturnen lassen, dann seinen Arm ausstrecken, den Unterarm einbiegen, wieder nach vorn schnellen lassen und rufen:

»Es geht also Hepp, Tepp und wieder Hepp. Das macht ihr jetzt einer nach dem anderen nach.«

Die Einsilber »Hepp« und »Tepp« können, je nach sportwissenschaftlicher Herkunft des Ausbildenden, auch »Flipp« und »Flopp« heißen, »Hock« oder »Zock«. Gemein ist den Ausdrücken, dass sie auf Sprache als Mittel der menschlichen Kommunikation verzichten, beziehungsweise diese auf eine Art Urformel reduzieren.

Sportler, das lernt Peter früh, drücken sich durch die Geschmeidigkeit ihres Körpers, durch die Möglichkeit, dessen Bewegungen zu beschleunigen, ihn der Erdschwere praktisch zu entziehen, ihn einzusetzen, um einen anderen Körper plattzumachen, kurzum, Körper drücken sich durch alles Mögliche aus, nur nicht durch Sprache. Es sei denn, man zählte »Hepp« und »Tepp« dazu, was ausschließlich unter Linguisten und anderen großzügigen Kommentatoren gestattet ist.

Wichtig ist jedoch, dass sich für Peter ein Zusammenhang zwischen Leistung, Sportler sind schließlich potentielle Helden, und der Herrschaft der Einsilbigkeit herstellt. Das muss nicht notwendig bedeuten, dass Peter sich für den Profisport entscheiden wird. Es hinterlässt aber den nur sehr schwer zu verwischenden Eindruck, Erfolg und Sprachvermögen seien in dieser Welt nicht unbedingt siamesische Zwillinge.

Ein paar Jahre später wird er diesen Eindruck bestätigt bekommen, wenn er seinem Staat an der Waffe dient. Auch beim Militär gehört Wortwitz nicht zu den Strategien, die eine Karriere befördern. Der brave Soldat Schwejk, wir erinnern uns, verharrte, Wortwitz hin oder her, stets am unteren Ende der Laufbahn. Die Pointe einer gelungenen Konversation im Soldatenleben liegt dagegen in der Wiederholung eines Kommandos. Irgendwer brüllt Peter an: »Bombardieren Sie Bagdad!«, und Peter wird nicht antworten: »Darüber lässt sich mit mir im Augenblick überhaupt nicht reden!«, er wird vielmehr rufen: »Jawohl! Bagdad bombardieren!«, darauf seine rechte Hand an die Mütze führen und Bagdad bombardieren.

Vielleicht denkt er dabei an das »Hepp« und »Tepp«

aus seiner Schulzeit, gut möglich auch, dass ihn von ganz ferne die Erinnerung an die kommandierende Frage nach dem »Löti-Löti« anweht, nicht auszuschließen sogar, dass Peter auf dem Kasernenhof, dem Fliegerhorst, dem Bomberposten, wo immer er sich in diesem Moment auch befinden mag, jenes Glücksgefühl der Sprachlosigkeit in sich hochsteigen fühlt, das er in einer psychoanalytischen Rückführung als den Zustand der Infantilität unbewusst zu schätzen lernte. Jenen Zustand vor dem Erwerb der Sprache, jenen Zustand, bevor ihm Sprache verleidet wurde.

Ei und Henne

Mein Zahnarzt hat über Richard Wagner erstmals heftiger nachgedacht, als des Komponisten wunderlicher Begriff »Zahn der Sünde« in einer Vorlesung über die Psychosomatik des Dentalbereichs fiel. Er erinnert sich heute allerdings nicht mehr daran, ob es bei jenem Zahn um den Auslöser sadistischer Impulse oder einen Auslöser für den Hang zum Konsum von Schokolade ging.

Und er erzählt, wenn wir reden, Wagners Oper *Parsifal* könne er nicht ertragen, da sich schon sein Vater an des Musikers antisemitischen Tiraden gestört habe.

Naturgemäß reden nicht *wir*, wenn *wir* reden, vielmehr redet *er*, denn ich kann nur gurgeln, weil Wangenabhalter meine Mundöffnung vergrößern und gleichzeitig ein Mundsperrer auf die Zunge presst.

Es war übrigens meine Analytikerin, die mir empfahl, das Thema »Oper« anzusprechen. Ich bin bei ihr in Behandlung, weil ich unter beklemmender Schüchternheit leide, die sich bei allen Gelegenheiten äußert, die ein Gespräch erfordern. »Schüchternheit« heißt heute

»soziale Phobie« und gilt als nicht besonders ernstzunehmende Störung. Meine Analytikerin glaubt allerdings an meinen Leidensdruck. Das Thema »Oper« hat sie mir aus mehreren Gründen empfohlen, einmal, weil die meisten meiner Gesprächspartner dazu eine Meinung hätten, zum Zweiten, weil ich in Momenten der sprachlichen Verhaltung immer noch summen oder pfeifen könne, und zum Dritten, weil ich bei der Bewältigung der Vater-Imago – mein Vater schlug die Pauke in der Philharmonie – bereits große Fortschritte gemacht habe.

Zu den Gemeinsamkeiten zwischen den Sitzungen mit einem Psychoanalytiker und denen mit einem Zahnarzt gehört der stets nur in eine Richtung verlaufende Gesprächsfluss. Hier redet der Doktor, ohne sich unterbrechen lassen zu müssen, dort der Patient, der gleichfalls den stummen Zuhörer schätzt. Dass sich beide Behandelnden in einer unterschiedlichen Raumposition zu ihren Patienten befinden, macht keinen großen Unterschied. Mein Zahnarzt sieht von mir nur einen knappen Quadratzentimeter Gaumen, Zahn, Füllung, wenn es denn überhaupt so viel Materie ist.

Meine Analytikerin, die einer konservativen Schule ihres Berufszweiges angehört, blickt, sollte sie die Augen von ihrem Notizblock heben, auf den grauen Haarwirbel meines Hinterkopfes. Wer von den beiden aus diesem spezifischen Blickwinkel den größeren ästhetischen Gewinn zieht, will ich hier nicht entscheiden.

»Ei und Henne«, fährt mein Zahnarzt fort, weil er gestern im Feuilleton seiner Zeitung einen Artikel über das Leib-Seele-Problem gelesen hat, in welchem stand, das Hirn, die Henne, nehme gegenüber den Gedanken, also den Eiern, eine dienende Funktion ein, folge somit dem Diktat einer Seele, möglicherweise verhielte es sich aber auch umgekehrt, von der Forschung würde noch einiges erwartet.

»Im Mund kommt alles zusammen«, ruft jetzt der Mann hinter seiner Maske, die silbern glitzernde Zahnfleischschere liegt fest in der rechten Hand. »Ich sehe den Zustand des Gebisses, es erzählt mir einen Verlauf, und damit lese ich die gesamte Lebensgeschichte so klar und deutlich wie ein Buch. Begierden, Enttäuschungen, Vernachlässigungen, soziale Herkunft, praktisch alles. Wie gesagt, Leib und Seele. Das menschliche Gebiss ist eine einzige, meist traurige Erzählung. Eine Erzählung, die mich nicht täuschen, die ich deuten kann.« Vom Metall der Schere reflektiert ein heller Strahl auf seine Stirn. »Ist die seelische Verspannung die Henne und Ihre Karies das Ei?«, fragt er weiter. »Es kann sich auch umgekehrt verhalten. Reden heißt zeugen, Zähne geben Zeugnis.«

Ob hier wohl die undeutliche Erinnerung nachwirkt, dass gemäß der Lehre des Aristoteles das Rebhuhnweibchen durch die Stimme des Mannes befruchtet wird? Jedenfalls sind wir beim Geschlechtstrieb gelandet, mithin doch eher dem zentralen Thema der Psychoanalyse, will ich einwenden, doch jetzt setzt die Narkose ein.

Als ich der Psychoanalytikerin bei unserer dritten Sitzung von meinem Zahnarzt und dessen Techniken der Exploration berichte, meine Erzählung streift gerade seine Neugier auf meine Kindheit in einem ausgebombten Haus und die ersten Süßigkeiten, höre ich rechts hinter mir ein offenbar mühsam unterdrücktes schärrendes Geräusch, welches mich an ein sehr scheues, doch eindeutig verärgertes Rebhuhn erinnert. Vielleicht bilde ich mir das aber auch nur im Zusammenhang mit meinem vorausgegangenen Besuch beim Zahnarzt ein.

»Verzeihen Sie«, sagt die Analytikerin, »ich wollte Sie nicht unterbrechen. Nur ein kleiner Katarrh, nichts Ernstes, bitte fahren Sie fort. Kennen Sie übrigens den Satz: Wenn ein Löwe sprechen könnte, wir könnten ihn gar nicht verstehen?«

»Schuld« ist naturgemäß ein zentrales Thema, wenn Fragen der Seele verhandelt werden. Meinem Zahnarzt gegenüber fühle ich mich wegen des Zustands meiner Molaren schuldig, jetzt eröffnet die Analytikerin ein neues Feld, indem sie auf ein Zitat hinweist, das ich vermutlich kennen müsste. Noch so ein Auslöser von Schuld. Meine Bildung hat Eltern und Steuerzahler viel Geld gekostet.

»Ein Löwe«, beginne ich vorsichtig, »hat ja auch kaum Probleme mit der Sprache oder, um auf meine eigenen Ängste zu kommen, mit der Unterhaltung.« War das eine Antwort in die gewünschte Richtung, oder klang das zu pampig?

»Ein Löwe«, setze ich erneut an, »hat kein Problem mit dem Einsatz. Er springt instinktiv, sobald sich die Gelegenheit bietet. Das liegt ihm im Blut. Er weiß auch, wann er welchen Geruch absondert, um sein Opfer zu beeindrucken. Wenn ich an einem Gespräch teilnehme, habe ich immer Angst, an der falschen Stelle hineinzuplatzen. Wie mein Vater, wenn er an seiner Pauke auf den entsprechenden Takt in der Partitur wartete. Am Ende hat er sich immer wieder verhauen.«

Die Analytikerin schweigt, doch sie schweigt nicht abwehrend, eher aufnahmebereit, fast mitteilsam.

Diese Phasen der Stille habe ich sehr zu schätzen gelernt: Die Dame riecht übrigens gar nicht klinisch, naturgemäß auch nicht nach Löwe, ganz im Gegenteil. Wenn ich genauer darüber nachdenke, nehme ich immer wieder unterschiedliche Duftnoten auf. Ich erinnere mich an den Geruch von Rosen, manchmal von Folianten, seltener auch von Lakritz, wie ich es als Kind geliebt habe. Sie scheint den meisten Teil ihrer ungesprochenen Antworten meiner Nase mitteilen zu wollen. Dass man ein Gespräch auch so gestalten kann, ist mir neu und aufregend.

Wir schweigen noch eine Weile, dann versuche ich, die Witterung für einen weiterführenden Gesprächsverlauf aufzunehmen.

»Das Maul des Löwen sagt mir direkt nichts über seine Schwierigkeiten, eine Tischrede zu halten«, fahre ich fort, »ein Löwe spricht seine eigene Sprache, gut möglich, dass alle Kreatur dieselben Schwierigkeiten hat. Der Kopf zeigt nicht, ob er schon als Löwenkind gehemmt war. Gut, er musste ja nicht vor einer Klasse Gedichte aufsagen, geschweige denn aus dem Stegreif, sagen wir auf einem Kindergeburtstag …«

Im Behandlungsraum der Analytikerin riecht es jetzt eindeutig nach Rosen, nein, nach glücklichen, doch taktvollen Rosen, mit weit offenen Blüten, denen ein weicher, warmer Sommerregen zur vollen Entfaltung ihres Duftes verholfen hat.

»Bei der nächsten Sitzung sollten wir vielleicht versuchen, doch etwas mehr über die Kindheit zu reden«, sagt die Analytikerin und öffnet das Fenster. Auch hier ist das Wort *wir* strikt als Höflichkeitsform zu verstehen.

Kurzschluss

»Also können Sie nicht noch einmal die kleine Anekdote zum Besten geben, die Sie erst neulich in Augsburg, beim Empfang für den Einzelhandel, ich übertreibe jetzt nicht, so wirklich herzzerreißend komisch vorgetragen haben, genau, diese Geschichte von dem Pop- oder Schlagersänger – oder war das nicht ein Weihbischof? –, der nach seiner Lieblingslektüre gefragt wurde, dann hochsprang und dabei den Stuhl nach hinten umschmiss. Sie erinnern sich bestimmt, also bitte, diese köstliche Geschichte, die müssen Sie unseren Gästen heute noch einmal erzählen. Nein, wirklich, ich fange schon jetzt wieder an zu lachen, ein echter *earcatcher*, wie meine Kinder sagen würden, wenn sie Deutsch könnten. Diese Geschichte, zum Schenkelklopfen lustig, gerade wenn der Stuhl fällt, auch wie er fällt und auf wessen Schoß er landet. Warten Sie, ich klopfe gleich an mein Glas, es sind noch ein paar Gäste hinzugekommen, die sollen sich erst setzen, die haben auch viel Sinn für Humor, aber wenn die mit ihren Pastetchen fertig sind … Sie haben das Ihre ja auch noch nicht angerührt, aber fühlen Sie sich um Gottes willen nicht von mir gedrängt, wie gesagt, ich klopfe an mein Glas, und dann sind Sie dran.«

Naturgemäß schmeichelt Ihnen die freundliche Ansage des Gastgebers. Naturgemäß machen Sie sich ein paar Sorgen, wie und ob Sie dem hohen Erwartungsdruck standhalten können. Naturgemäß unterläuft Ihnen, die Augen des Publikums sind jetzt in voller Konzentration auf Sie gerichtet, der erste, der kapitale Fehler. Sie haben sich erhoben, noch einmal über das Haar gestrichen und gesagt:

»Keine Angst, meine Damen und Herren, ich werde mich ganz kurz fassen.«

So beginnen, nicht nur in unserer Republik, mindestens acht von zehn Reden, unendlich viele Gespräche, alle äußerst peinlich eine Wendung der Sprache bemühend, die schon in der Antike in die Geschichte der Rhetorik unter dem Begriff der »Captatio Benevolentiae«, des »Erheischens von Wohlwollen« eingegangen ist. Cicero gilt als eine der prägenden Figuren in diesem Bereich. Er lobte sein Publikum für dessen göttliche Auffassungsgabe. Andere lobten ihr Publikum für seine Geduld, die auf wahre Kennerschaft schließen lasse. Der Redner schmeichelt sich bei seinen Zuhörern ein, indem er ihnen anbietet, nur ein wenig ihrer Zeit zu stehlen, und ihnen gleich zu Anfang etwas verspricht. Mithin: »Keine Angst, meine Damen und Herren, ich werde mich ganz kurz fassen.«

Kann sich der Verstand, kann sich das Gemüt eine sinnenfeindlichere Eröffnung vorstellen?

Eine Rede soll erbauen, belehren, rühren, nachdenklich stimmen, erheitern, am besten alles, in der gebotenen Abwägung auf den gegebenen Anlass hin, eine Rede schafft eine kleine Welt. Sie kann Symphonie sein oder Sonate, Bleistiftzeichnung oder Ölgemälde, die Vergleiche lassen sich beliebig vermehren, nur:

Wie würden Sie auf einen Komponisten reagieren, der zu Beginn seines Konzertes sagt: »Nur ein paar Töne, meine Damen und Herren, ich werde mich ganz kurz fassen, es geht fast nur um Generalpausen«; auf einen Maler, der Ihnen zur Eröffnung seiner Ausstellung verspricht, »mit nur drei, allenfalls vier Strichen und nur ganz wenig Farben« werde die Veranstaltung ihr Bewenden haben?

Sie finden diese Vergleiche ein wenig bemüht, zu dramatisch für eine Kritik an jener, wie Sie sagen, »freundlichen kleinen Floskel am Anfang«?

Dann können Sie, mit Verlaub, nicht ganz bei Trost sein. Oder Sie setzen von vorneherein Ihre Bemühungen in unschönen Zweifel, stellen sich in eine Reihe mit, sagen wir, der Gastgeberin, die vor dem Abendessen verkündet, die Geladenen müssten sich keine Sorgen machen, glücklicherweise sei heute Schmalhans ihr Küchenmeister.

Sie stellen sich in eine Reihe mit dem Liebhaber, der zum Auftakt eines Treffens, wir blicken auf ein aufge-

schlagenes, frisch bezogenes Bett, Kerzen, deren Schein
sich in Gläsern aus Murano fängt, wahlweise auch einen
Vollmond, vielleicht ist Frühling, womöglich eine laue
Sommernacht, Fliederduft, was immer Sie sich wünschen, der dann sagt:

»Keine Angst, ich werde mich ganz kurz fassen.«

Auch darüber sollten Sie nachdenken, bevor Ihnen
noch einmal ein so törichtes Erheischen des Wohlwol-
lens über die Lippen kommt.

Nötigung

*Das Vergehen der Nötigung steht
zwischen der einfachen Bedrohung
und der Erpressung in der Mitte.*

Meyers Konversationslexikon, 6. Auflage 1906

»Aber wenn Sie eine andere Anekdote erzählen mögen, ist uns das genauso recht. Zum Beispiel die Geschichte, die neulich in der Zeitung stand, diese Geschichte, als Ihnen in Berlin am helllichten Tag ein Sofa abhandenkam, oder noch einmal diese Begegnung mit dem Weihbischof, der dann vom Stuhl fiel, verstehen Sie, die könnten Sie auch erzählen, die ist auch so ein Brüller. Sie bringen das bestimmt locker rüber.«

Das fängt schon ziemlich schlecht an.

Jeder von uns ist schon einmal in eine Talkshow geraten, als Täter, als Opfer, als Experte. Die Abläufe dürfen daher als bekannt vorausgesetzt werden. Am Telefon stimmt eine beflissene Stimme Termine ab und kündigt den Anruf einer weiteren Instanz an, die »die Redaktion« genannt wird. Die Stimme der »Redaktion« meldet sich ein paar Tage später und erzählt Ihnen, was sie »im Netz« über Sie gefunden hat, und fragt, wie Ihre Meinung zu einem bestimmten Thema lautet, »Literatur im Fernsehen« etwa. Wenn Sie noch keine Meinung zu »Literatur im Fernsehen« haben, wüssten Sie doch bestimmt, wie Ihre Meinung ausfiele. Vor lauter Konditionalsätzen schwirrt Ihnen der Kopf. Sollten Sie zudem noch eingeladen worden sein, weil Sie gerade ein Buch, einen Schlager, eine Oper geschrieben haben, fragt die Redaktion, worum es darin geht, und bittet Sie, nicht allzu viele Details zu nennen, man müsse auf den Zuschauer Rücksicht nehmen, und die anderen Teilnehmer hätten auch toll spannende Statements.

Sie sind nicht ganz bei Trost und gehen daher in die Sendung.

In einem nachlässig möblierten Vorbereitungsraum werden zur Einstimmung schon lange belegte Brötchen, Kaffee und Schaumwein angeboten. Die Gäste verschwinden einzeln oder paarweise in den Gang, der zur Maske führt. Der Moderator setzt sich auf den frei gewordenen Platz neben Ihnen und sagt: »Kaum zu glauben, dass Sie zum ersten Mal hier sind.«

Das ist der Auftakt zur Einweisung in die Dramaturgie des Gesprächs. Zweimal wird der Moderator bemerken: »Natürlich können auch Sie die anderen Gäste befragen, seien Sie ruhig lebhaft.«

Er wird in sein Päckchen mit den beschrifteten Karteikarten blicken, sein Gesicht wird für einen Moment starr, und dann wird er sagen: »Auf dieses Stichwort könnten Sie dann die Anekdote mit der Nonne erzählen, die in der Papstmesse Sandalen von Gucci trug. Die hat mir in Ihrem Buch toll gefallen und wird auch bei unseren Zuschauern toll ankommen.«

Obwohl Sie nie über Nonnen in Sandalen geschrieben haben, sind Sie zu feige, jetzt aufzustehen und das Studiogebäude zu verlassen. Sie denken an Ihren Verleger, an den Vorschuss.

Sie lassen sich von der Maskenbildnerin Gesicht, Hals und Pfoten einstäuben, als seien Sie der Wolf aus dem Märchen, schließen die Augen und stellen sich den Moderator als kleinen Jungen vor, der darauf beharrt, dass die Geschichte mit der Hexe immer wieder auf dieselbe Weise erzählt wird.

»Das war überhaupt nicht so«, plärrt der kleine Moderator, »die Hexe hatte nur einen Wackelzahn, nicht zwei, und im Wald gibt es gar keinen tollen Zahnarzt.«

Viele Erwachsene behaupten, ihre Kleinen wollten immer nur eine einzige, unabänderliche Version einer Geschichte hören. Das stimmt nur für sehr phantasielose Kinder. Oder solche, deren Eltern stets haarklein dasselbe erzählen, weil ihnen selbst kein anderer Verlauf der Handlung einfällt. Beides wird bei unserem Moderator der Fall gewesen sein.

So fing es an. Später, da durfte er schon an den Tisch der Großen, hörte der kleine Moderator bei jedem Familientreffen, wie seine Patentante ihren Gatten nötigte: »Jetzt erzähl den Kindern doch noch einmal, wie du damals im Fernsehen bei *Dalli-Dalli* aufgetreten bist. Bei dem Rosenthal. Nein, nicht bei dem Frankenfeld. Da warst du doch nie!«

Schon die Patentante monierte nämlich jede Abweichung vom Original, was dem kleinen Moderator gut gefiel. Gut möglich, dass sich hier ein Berufswunsch formte.

Die Maskenbildnerin streicht jetzt mit der Kleiderbürste über die Schultern Ihres Sakkos. In spätestens einer Stunde tritt die Nonne mit den Sandalen von Gucci auf. Und wenn Sie ganz, ganz großes Glück haben, doch nur dann, sagt der Moderator nicht: »Diese tolle Geschichte haben Sie neulich aber ganz anders erzählt.«

Die Kunst der Einführung

Einem Freund Geld zu geben,
kann eine gute Tat sein oder
auch keine gute Tat, während
es eine gute Tat sein könnte,
einem Geld zu geben, der kein
Freund ist.

Sokrates

Werfen wir zum Abschluss dieser kurzen Betrachtungen über den Introitus einen Blick auf den Kollegen Gregor von Rezzori, der sich anschickt, im Salzburger Landestheater eine Lesung über sein Leben in den dreißiger Jahren zu halten. Zur Veranstaltung hat ein Kreditinstitut geladen. Der Saal ist teuer, und der große Schriftsteller liest auch nicht für Gotteslohn.

Rezzori kann mit dem Vortrag nicht beginnen, weil er noch nicht vorgestellt wurde. Das übernimmt ein Herr aus der Kreditwirtschaft, was uns die Gelegenheit verschafft, ein paar Sätze über die Kunst der Einführung zu verlieren, die Kunst mithin, einem Vortragenden und einem Publikum in wenigen Worten mitzuteilen, welches Glück es bedeutet, den heutigen Gast begrüßen zu dürfen.

Es gibt für diese Form der Ansprache alternative Modelle, das angelsächsische und das deutsche. Wenn Sie etwa an einer amerikanischen Universität vorgestellt werden, erweckt der Sie einführende Redner gern den Eindruck, seine Fakultät habe seit mindestens einem

Jahrzehnt sehnsüchtig auf diesen Augenblick gewartet. An einer deutschen Universität hingegen sollten Sie froh sein, nicht schon zu Anfang auf die hohen Reisekosten hingewiesen zu werden, die für Ihren Besuch angefallen sind. Beide Formen der Einführung motivieren den Vortragenden unterschiedlich.

Gregor von Rezzori macht gerade die Erfahrung, dass in der Kreditwirtschaft eine dritte Form des Introitus gepflegt wird. Hier wird auch der Redner, mehr aber noch und ausführlicher der Geldgeber des Abends vorgestellt – und all die kommerziellen Vorzüge, die sein Institut anzubieten hat. Zum ersten Mal in seinem jetzt siebzigjährigen Leben hört der Dichter von »shot« und »pull« und »leverage«. Er fragt sich, ob er seiner Bank einen Psalm anbieten sollte, in dem all diese Begriffe auftauchen, und wie viel sein Agent dafür verlangen könnte. Dann nickt er ein und entschwindet in einen Traum, der von den purpurfarbenen Socken des Mannes angeregt ist, welcher gerade dem Publikum erläutert, warum fallende Kurse zwingend zu steigenden Gewinnen führen.

Der gemeine Leser denkt, es könne nicht allzu schwer sein, vor einen Kreis von ohnehin geneigten Zuhörern zu treten und die einfachen Worte hervorzubringen: »Meine Damen und Herren, herzlich willkommen bei unserer heutigen Veranstaltung. Wir sind froh, unseren Gast hier begrüßen zu können. Nach der Lesung können Sie gerne Fragen stellen und sich ein Exemplar des neuen Werkes signieren lassen.«

Zugegeben, dies ist eine karge Form des Stufengebetes, doch sie enthält alle notwendigen Botschaften: die des aufgeschlossenen Herzens und die der Möglichkeit des Verkaufs nach Ladenschluss. Die Anwesenden werden sich nicht aus Zufall in die Veranstaltung verirrt haben, daher ist es überflüssig, noch einmal auf Leben, Werk oder Bedeutung des Gastes zu verweisen. Zumal – und hier kommen wir zu der entscheidenden Bruchstelle – auf unseren sonst so vorbildlichen Berufsschulen für Sortimentsbuchhändler zu unser aller Nachteil der Kurs »Begrüßung eines Autors« nicht auf dem Programm steht.

In einem solchen Kurs wäre zu vermitteln, dass zu Beginn einer Lesung weder Autor noch Zuhörer das Bedürfnis verspüren, in die Feinheiten der Interpretation eingeführt zu werden. Gewiss, das Buch ist immer klüger als sein Autor, doch der Autor muss deshalb nicht dümmer sein als sein Interpret. Auch dass sein Werk zwischen »bitterer Wahrheit und heiterer Ironie oszilliert«, weiß der Verfasser bereits aus dem Klappentext seines Buches. Wer schreibt, das weiß jeder Werbetexter, der oszilliert auch. Zum Thema »Oszillieren« kann dem Dichter niemand mehr etwas Neues berichten, neu ist ihm allenfalls, was er an diesem Abend über sein Leben erfährt, weil der Vortragende einer elektronischen Suchmaschine sein Vertrauen schenkte, die getreulich alle biographischen Fehldaten gespeichert hat.

Das Purpur in den Strümpfen des Bankvertreters,

der naturgemäß immer noch redet, hat den träumenden Gregor von Rezzori in den Vatikan geführt. Dort gibt es auch eine Bank, ein freundlicher Kardinal erklärt dem Schriftsteller, dass sich der Begriff des Sponsoring sowohl von *Sponsus*, dem Bräutigam, wie von *Sponsor*, dem Paten, ableitet. Es handele sich aber auch um eine *unio mystica*, fügt der Kardinal noch hinzu und bittet Rezzori nach Lourdes, zu einer kleinen Lichtung, auf der sich seltsamerweise eine leere Grotte erhebt. Über der Grotte schwebt eine Inschrift in pinkfarbenem Neon, man könnte an eine dieser modernen Installationen denken, die sich in letzter Zeit in unseren Museen und Kaffeehäusern ausgebreitet haben. Die bunte Botschaft lautet: »Die nächste Marienerscheinung erfolgt mit freundlicher Unterstützung der Vatikanbank.«

Hier wacht Gregor von Rezzori auf, zu früh, wie er missmutig bemerkt, denn der Mann von dem Kreditinstitut hat noch einen kurzen Ausflug zum Thema »Derivate« unternommen. Wie schön, überlegt sich nun Rezzori, wie nachgerade luxuriös wäre es jetzt, einer jungen Buchhändlerin zuzuhören, die mit der Anmut mädchenhafter Erregung ankündigt:

»Gregor von Rezzori, meine Damen und Herren, wurde 1962 in Moskau geboren. Sein schriftstellerisches Werk oszilliert zwischen heiterer Ironie und bitterer Wahrheit.«

Jede Krise, denkt unser Autor, könnte ja auch eine Krise zum Besseren sein.

Lob der Frage

»Sind Sie zum ersten Mal hier?«, ist nur dann ein riskanter erster Gesprächszug, wenn Sie nicht wissen, wie die angestrebte Unterhaltung weitergehen soll. Recht besehen, kann sie von diesem Ausgangspunkt nämlich in jede mögliche Richtung getrieben werden. Zwei Teilmengen der Frage, nämlich »hier« und »erstes Mal«, eröffnen nicht nur Ihnen, sondern auch dem oder der Angesprochenen ein weites Feld der Selbstdarstellung.

»Ich bin hier Stammgast / Ich darf mich zu den Gründern dieser Galerie zählen / Keine Zahl von Pferden wird mich je wieder in ein solches Konzert ziehen / Jeder Holländer ist schließlich ein Swinger« – das sind spontane Antworten, die Sie nicht weiter kommentieren müssen, weil Ihr Gegenüber bereits begierig ist, seiner ersten Reaktion eine weitere nachpoltern zu lassen. Um diese auf den Weg zu schicken, genügt das Hochwölben von nur einer Augenbraue. Wenn Sie im Spiel bleiben wollen, hätten Sie klüger nicht vorgehen können. Kein Wunder, dass die Frage ein Klassiker wurde.

Denn seit unserem Lehrmeister Marcus Fabius Quintilian und dessen Nachfolgern in der klassischen Schule der Rhetorik wissen wir, dass nicht die erste, floskelhafte, ja nicht einmal die zweite, schärfer gesetzte Frage dazu dienen sollte, den Wunsch nach Information zu befriedigen, sondern dem Angesprochen die Möglichkeit zu geben, endlich selber loszulegen.

In einem frühen Lehrbuch für junge Diplomaten der DDR, die einen Staatsgast aus der Volksrepublik China zu betreuen hatten, findet der Leser die vorbildliche Sequenz:

»Sind Sie zum ersten Mal in der Deutschen Demokratischen Republik?«
(»*Zhei shih bu shih di yi ci ni lai guo Deyizhi Minzhu Gongheguo?*«)

Worauf sich, ganz gleich, wie die Antwort des Gastes ausfiel, die zwingende Frage anschloss:

»Haben Sie sich schon an deutsches Essen gewöhnt?«
(»*Ni xiguan chih Deguo zai ma?*«)

Letzteres kann man auf Chinesisch auch weniger rüde ausdrücken. Die Vermutung liegt nahe, dass die deutschen oder chinesischen Autoren dieses Lehrbuchs in einer leicht verklausulierten, versteckt den gesellschaftlichen Widerstand anmahnenden Form, auf seinerzeit bestehende kulinarische Zustände hinweisen wollten. Das ist aber ein unerheblicher Einwand, angesichts der Möglichkeiten, die dem Gesprächspartner jetzt geboten wurden, sein Herz über Kartoffeln und Rübchen aus dem Spreewald, Broiler aus Berlin, Koteletts und Klöße aus Sachsen-Anhalt auszuschütten.

Man kann die Hochkulturen dieser Erde relativ leicht in zwei verschiedene Systeme des rhetorischen Ausweichverhaltens und des Ummäntelns spalten: Der eine Teil redet über das Wetter, um Konflikte zu umgehen, der andere – aus demselben Motiv – über das Essen. Auf der einen Seite behaupten sich die Angelsachsen mit ihren meteorologischen Kantaten, auf der anderen Seite schwingen die Freunde der Küche ihre Stimmgabeln. Beide Strategien sind darauf ausgerichtet, zunächst einmal eine neutrale Zone des nicht direkt Angesprochenen zu schaffen. Rübchen können besser oder schlechter gesotten werden, der frühe Frost mag schlecht für den Kohl, gut dagegen für die Jagd nach dem Hasen sein. Entscheidend ist nur, dass die Beantwortung keiner dieser Fragen eine Situation heraufbeschwört, in der plötzlich und ohne Möglichkeit der Vermittlung über ein direktes Anliegen oder gar den »Ernst der Lage« beschieden werden muss. Sehen wir einmal ab vom Ernst der Lage für Hasen oder Grünkohl.

Sollte es also nicht ausreichen, mit der Frage nach dem ersten Mal, mit dem Wölben der Augenbraue den Gesprächsfluss enthemmt zu haben, empfiehlt sich eine

Erkundigung, die entweder in Richtung Küche oder in Richtung Wetterkarte zielt. Denn wie bei einem Brettspiel muss das Ziel der Teilnehmer darin bestehen, zu Beginn des Unterfangens die ganze Weite der Fläche zu nutzen.

Wenn ich gefragt werde, ob ich einer mir unbekannten Person lieber mit den Worten »Sind Sie zum ersten Mal hier?« gegenübertrete oder – wie Tatjana Zweretjewa es Frauen empfiehlt – mit dem Ausruf der Tatjana in Puschkins Versdrama *Eugen Onegin* beginne: »Ich liebe Sie, wozu es leugnen!«, dann rate ich nur in ganz seltenen Fällen zu der letzteren Version. Direktheit in der Aussage hat ihre emphatischen Befürworter, gewiss, doch es ist nicht zu leugnen, dass diese Form den weiteren Verlauf des Gesprächs auf eine recht enge Spur festlegt. Wenige von uns haben das Zeug, wie unser russischer Held einfach so weiterzureden, als sei das Bekenntnis nie ausgestoßen worden.

Tatjana, das macht einen Teil ihres Verhängnisses aus, bleibt nämlich auf ihrer direkten Aussage sitzen. Das verleiht ihrem künftigen Lebensweg eine Tragik, der man Größe keinesfalls absprechen darf. Doch es muss an dieser Stelle auch gestattet sein, kurz darüber nachzudenken, ob Tatjana bei dieser Begegnung auf der Veranda – man erinnert sich: Sie erhebt sich, er bleibt stehen – nicht besser eine weniger direkte Form gewählt hätte.

Das Poetische spricht zweifelsfrei für den harten

Schlag. Aber der Poesie wohnt neben dem Moment des Unabdingbaren, des schrecklichen Ausgangs stets auch ein Hauch der Verblendung, ja der Dummheit inne.

Hätte Tatjana also gesagt: »Eugen, mein Täubchen, sind Sie zum ersten Mal hier?«, vielleicht auch: »Eugen, mein Täubchen, haben Sie schon gefrühstückt?«, die Weltliteratur stünde ärmer da. Doch für Tatjana wären die nächsten Jahre sehr viel glücklicher verlaufen.

Auch das will bedacht sein, wenn ein Gespräch eröffnet wird.

Spechtschlagrhythmus

Schon verstanden. Sie wollen, dass Ihre Worte bedeutender klingen. Präziser, einprägsamer, um ein treffendes Bild zu bemühen: wie ein Relief, in Stein gehauen.

Sie denken, es muss an der Form liegen, wenn Sie die Runde mit Ihrer Erzählung nicht in den Bann schlagen. Am Stoff ist nichts auszusetzen. Nicht zu anspruchsvoll, doch keineswegs seicht. Keine aufdringliche Geschichte, mit der Sie sich auf Kosten anderer in den Vordergrund schieben, doch zielstrebig auf eine Pointe zusteuernd.

Zugegeben, zwei oder drei Details könnten etwas farbiger gestaltet werden, aber lieber etwas mattere als grelle Töne. Wichtig auch, dass Sie den Fehler vermieden haben, bei der wörtlichen Wiedergabe dieser witzigen Bemerkung des Fremdenführers dessen Dialekt zu imitieren. Das wäre ein Formfehler gewesen. Dialekte muss man beherrschen, hier droht die Gefahr der Blamage. Die junge Engländerin aus der Reisegruppe mit ihrem sonnenverbrannten Ausschnitt, gut, die kann nicht anders geschildert werden, so hat sie sich nun einmal präsentiert. »Ausschnitt« ist vielleicht ein etwas riskantes Motiv, doch im notwendigen Zusammenhang keineswegs vulgär.

Nein, am Stoff kann es nicht liegen.

Und dennoch wenden sich Ihre Zuhörer von Ihnen ab. Legen ein Verhalten an den Tag, wie Sie es sonst nur aus dem Fernsehen kennen, wenn in einem richtig spannenden Gespräch, sagen wir, der Kommissar erläutert gerade einem der Verdächtigen seine Theorie des Tathergangs, dieser Verdächtige einfach zu seinem Hut greift, behauptet, er müsse jetzt dringend wieder an seine Arbeit, und mit knappem Gruß aus der Szene entschwindet.

Da Sie gerade in Ihrem Auto sitzen, schalten Sie das Radio ein und suchen ein Wortprogramm. Sie müssen einige Kilometer zurücklegen, bis das gelingt. Das gesprochene Wort in seiner anspruchsvolleren Form ist im Hörfunk auf weit entlegene Sendeplätze zurückgedrängt worden. Sie haben aber heute Glück und geraten in einen Stau, der Ihnen zu später Stunde einen Essay über zeitgenössische Lyrik »zu Gehör bringt«, wie die Ansagerin es mit ihrer warmen, dunklen Stimme ausdrückt.

Vielleicht erfahren Sie jetzt das Geheimnis eines packenden Vortrags, denken Sie. Über Ihrem Gefährt kreisen Rettungshubschrauber, Einsatzfahrzeuge der Feuerwehr kämpfen sich mühsam über die Standspur vor.

Es verspricht ein längerer Abend auf der Autobahn zu werden. Das kommt Ihrem Lernbedürfnis entgegen.

Auch der Vortragende hat eine warme, dunkle Stimme, anders aber als die Ansagerin liest er seinen Text mit einem leichten Sprachfehler. Er hölzelt ein wenig, würde man in Österreich sagen. Sie hören eine Weile zu und probieren, wie der Ausdruck »Stille und Zorn, gegossen in zeitgemäße Lieder« aus Ihrem eigenen Mund, also ohne Lispeln klänge. Richtig, es klingt banaler, glauben Sie herausgefunden zu haben und überlegen, ob Sie daraus eine Lehre für Ihre eigene Aussprache ziehen sollten. Gut möglich, dass Sie eine erhöhte Aufmerksamkeit Ihrer Zuhörer durch das Hervorkehren einer leichten Behinderung im Gaumenbereich, vulgo durch das scheinbar absichtslose Erzeugen spirantischer Nebengeräusche, erzielen könnten.

Die Sendung über zeitgenössische Lyrik wird von einer Meldung unterbrochen, die Ihnen davon abrät, die nächste Abfahrt zu benutzen, da auch die Nebenstraßen »durch hohes Verkehrsaufkommen« überlastet seien. Da diese Meldung ohne auffällige Verschluss- oder Explosivlaute erfolgte, schenken Sie ihr erst Beachtung, nachdem Sie die Abfahrt bereits passiert haben. Das bestärkt Sie, in Zukunft an einer künstlerischen Verformung Ihrer Zitter- und Zischlaute zu arbeiten.

Im ausführlichen Vortrag des Nachtprogramms sind Sie mittlerweile beim Unterthema »Metrik in der zeitgenössischen Lyrik« angelangt, und während Sie noch

darüber grübeln, ob Sie Ihre Geschichte über die Engländerin mit dem sonnenverbrannten Ausschnitt oder
den drolligen Fremdenführer mit dem neapolitanischen Akzent durch eingestreute vierhebige Kurzverse
packender gestalten könnten, hat die warme, dunkle
Radiostimme das Mikrofon an einen Studiogast weiter-
gegeben. Bei diesem handelt es sich um einen veritablen
Dichter, einen Vertreter, wie Sie erfahren, der »nachstre-
benden Generation«, in dessen Zungenschlag keinerlei
Lispeln festzustellen ist. Sie lauschen dem Gast im Studio aber trotzdem mit geschärfter Aufmerksamkeit,
weil der Poet Sie durch zwei andere Eigenarten faszi-
niert: einmal durch seine wunderliche Begleitmusik, die
sich aus einer Mischung aus Schmatzen, Räuspern und
Ihnen unerklärlichen Speichelklängen zusammensetzt,
zum anderen, weil diese Rede durch die verwirrendsten
Pausen strukturiert ist, falls »strukturiert« das Wort ist,
das Sie gerade suchen.

Sie denken kurz darüber nach, auf welchen Aspekt
Sie sich zunächst konzentrieren sollten, entscheiden
sich dann für den Sprachrhythmus. Vielleicht waren
dafür die ruckartige Fortbewegung Ihres Automobils
im immer noch fortwährenden Stau und der myste-
riöse, vorhin im Radio gefallene Ausdruck »stehender
Verkehr« ausschlaggebend.

In Ihren Ohren klingt der Satz des Dichters: »Wenn
ein Kritiker von mir den hohen Ton verlangt, wird mir
einfach speiübel.«

Der Dichter hatte das gesagt, als er über Metaphern redete und über eines seiner Gedichte aus einem Zyklus, der wohl den Titel »Verwichste Matratze« trug.

Er hatte aber nicht einfach gesagt: »Wenn ein Kritiker von mir den hohen Ton verlangt, wird mir speiübel«, er hatte vielmehr gesagt:

»Wennein/
Kri/
tiker/
von mir den/
hohenTon/
verlangt, wird/
mireinfachspei/
übel.«

Oder so ähnlich. Es klang, als habe sich der Kehlkopf des Poeten aus dem Rundfunk unter Ihre Motorhaube geflüchtet.

Sie überlegen, ob sich falsche Pausen, strategisch in einer Konversation eingesetzt, eventuell genauso positiv auf die Konzentration des Publikums auswirken wie Hölzeln oder Schmatzen. Einiges spricht dafür, anderes dagegen. In den Serien des Fernsehens, erinnern Sie sich, halten die Schauspieler mitten im Satz auch immer den Atem an, bis die Kamera ihren Mund gefunden hat. Sind die Serien vielleicht deshalb so packend und populär? Leidet Ihre Geschichte mit dem Deutsch radebrechenden neapolitanischen Fremdenführer einfach an unpassendem Fluss, an einem Zuviel an Legato?

Aber könnten Sie diese Technik der falschen Pausen, unterstellt, Sie entwickelten sie zur Reife, bei Bedarf auch wieder außer Kraft setzen?

Sie sind ein ängstlicher Mensch, darüber machen Sie sich keine Illusionen, deswegen fällt Ihnen beim Nachklang des Wortes »Atem« spontan Ihr letzter Arztbesuch ein. Jene alljährliche Untersuchung, das sorgfältige Abhorchen der Herztöne.

Was sagte der Internist, nachdem er das altmodische Stethoskop beiseitegelegt hatte, mit besorgter Miene?

»Spechtschlagrhythmus«, hatte der Doktor gesagt, »noch nichts Gravierendes, doch Ihre Pumpe zeigt Ansätze von Spechtschlagrhythmus.« Er hatte dabei den Kälteschutzring des Abhörgerätes in einem leichten Winkel zu seiner Schreibtischplatte gehalten und einen Takt geklopft, den man mit einem gewissen musikalischen Wohlwollen als ausgefallen synkopisch bezeichnen konnte. Mehr Pausen als Zusammenhang, war es Ihnen damals durch den Kopf geschossen.

Sie überlegen, ob Sie Ihr Leben in Zukunft ganzheitlich gestalten sollen. Wenn Sie erst einmal anfangen, so zu reden, wie Ihr Herz schlägt, fänden Ihre Geschichten größeren Zuspruch. Sie erinnern sich an den großen George Tabori. Der berühmte Regisseur sagte zu einem Hamlet, der sich auf der Probe gerade das Bein gebrochen hatte, schlicht: »Benutze es!«

Gefragt, wie er es schaffe, aus einem Ensemble von illustren Bühnenstars eine ergreifende Produktion zu gestalten, hatte Tabori erwidert: »Ich versuche einfach, sie schlechter zu machen, als sie sind. Wenn ich Glück habe, gelingt das.«

Könnte darin auch für Sie eine Botschaft stecken?

Sie verfolgen das Vibrieren Ihres Körpers und sinnieren, ob der Arzt Ihres Vertrauens nicht zu sehr in der Schulmedizin befangen ist. Ob er auch ein Ohr für die Kraft des Unvollkommenen hat.

Selbst beim Denken, fällt Ihnen jetzt auf, kann es zu falschen Pausen kommen. Spechtschlagrhythmus. Sie entscheiden sich, erst einmal mit einem Sprachfehler und leichtem Schmatzen anzufangen. Sie haben eine gute Wahl getroffen. Auch der Verkehr rollt wieder. Pausenlos.

Klagen

Wie nachhaltig dumm und unerfreulich die menschliche Natur sein kann, lässt sich schon daran erkennen, dass sie dem Klagenden stets einen Vorteil vor dem Heiteren gewährt. Der Tragöde siegt über den Komödianten, schlicht weil Trauer auf Tiefe deutet, damit dem Verbitterten, dem manchmal wortlos, in aller Regel leider scheußlich vernehmbar mit seinem Geschick oder einem Zufall Hadernden ein Ohr und damit Aufmerksamkeit verleiht, »weil er durch seine Klage/aufrecht schreiten kann«, wie es bei Shakespeare heißt.

Natürlich muss man sich das zunutze machen. Klagen ist eine häufig unterschätzte Kunst, die nicht den Miesepetern überlassen bleiben darf.

Shakespeare wurde hier schnell zitiert, weil die Erwähnung seines Namens für die Gestaltung von Gesprächen der unterschiedlichsten Art nützlich sein kann. Ein Spruch von ihm passt bei Trauer, bei Bockigkeit, bei Larmoyanz. Dieses Anspiel setzt allerdings voraus, dass Sie das Zitat in einem Gespräch mit Zeitgenossen einsetzen, für die Literatur nicht zu einer Form von ungeliebtem Fremdenverkehr gehört.

Vermutlich ist mir Shakespeare auch deshalb eingefallen, weil ihm die Bemerkung »Klage ist des Kaufmanns Gruß« zugeschrieben wird, ein Satz, dessen poetologische Herkunft vielleicht umstritten ist, der aber seine Kraft weit über die Grenzen der kommerziellen Betätigung beweist.

Die gefährlichste Frage, die man dem Zuhörer mit dem träge herabgesackten Lid und Unterkiefer stellen kann, lautet bekanntlich: »Wie geht's?«

Im Schach würde man von einer jereminadischen Eröffnung sprechen. Die klassische Antwort lautet: »Willst du das wirklich wissen?«

Worauf, umgangssprachlich ausgedrückt, die Post abgeht.

Ich erinnere mich hier stellvertretend für den Leser an eine sehr private Passage unaussprechbaren Unglücks. Claudia, meine Partnerin im Radkunstfahren, damals in Oberhausen, wir hatten sowohl in der Disziplin »Paradefahren« wie im gemischten »Radpolo« schon ein paar Nachwuchspreise errungen, entschied sich eines Tages für einen stärkeren Untermann. Gleich darauf kündigte sie auch unsere Freundschaft auf und gab mir die Schuld an dem Bruch.

»Ich fühle mich nur mit einem Mann wohl, der am Lenker die bessere Figur macht. Du bist zu eckig. Immer gerate ich an zu eckige Partner.«

Eine solche Klage schmerzt einen hoffnungsvollen jungen Radkunstfahrer. Keiner von uns möchte gern »am Lenker eine eckige Figur« machen.

Wochen später, ich war längst ein demütiger, wenn vielleicht auch eckiger Ruderer auf dem Rhein-Herne-Kanal geworden, wählte ich Claudias Nummer und fragte: »Wie geht's?« Meine neue Freundin hieß Charlotte, und die Frage galt allein dem Radkunstsport.

Selbstverständlich antwortete Claudia: »Willst du das wirklich wissen?«

Ich verkürze hier ihre Antwort, in der betrügerische Kampfrichter im Radkunstsport noch die glücklichste Rolle spielten. In der Eifel war zwischenzeitlich ein Ferienhaus der Familie abgebrannt, ihr neuer Untermann in die Emscher gestürzt, die Schatten auf der Lunge der Großmutter zeigten längere und schwärzere Konturen, die Katze war offenbar von einem Motorrad angefallen worden, dazu gab es zwei ungewollte Schwangerschaften unter Cousinen ersten Grades im Raum Euskirchen zu verzeichnen.

Leben, sagt der Verhaltensforscher Konrad Lorenz, ist ein beständiges Fressen von wichtigen und unwichtigen Informationen. Man kann aber auch an Überfütterung zugrunde gehen, ganz besonders wenn diese Informationen, vorgetragen in dumpfem, mürrischem Klageton, signalisieren sollen, dass der Zuhörende Schuld trägt am Jammer dieser Welt. Warum die Evolution hier noch keine Abzweigung in das gelassen Elegische entstehen ließ, wird uns genauso unerklärlich bleiben wie die stillschweigende Erwartung der Klagenden, mit ihren kunstlosen Bocksgesängen könnten sie die Herzen ihrer Umgebung eher gewinnen als mit einem Akkord der Heiterkeit.

Diese falsche Hoffnung gilt, das lehrt mich die Erfahrung, jedenfalls für den Verkehr unter Menschen. Bei Säugetieren bin ich mir da nicht so sicher. Mein Hund Moritz, um nur ein Beispiel zu nennen, kann sehr gewinnend lachen, setzt das gezielt ein und gewinnt dadurch spielend Sympathien. Wenn er dagegen seine Trauer äußert, hält sich die Umwelt lieber die Ohren zu und sucht räumlichen und seelischen Abstand. Das weiß der Hund. Meistens hält er sich auch daran.

So wie man die Deutungen unserer Psychologen kennt, wird wohl auch beim Erfolg des menschlichen Klagens ein Kindchenschema am Werk vermutet: hormonelle Höchstleistungen bei der Mutter, wenn das Würmchen schreit, unbewusste Erinnerung an das Glück, durch unablässiges Hervorbringen von Klagelauten ein weibliches Wesen zu hormonellen Höchstleistungen gebracht zu haben. Klar, das sind biochemische und seelische Abläufe, die einander hochschaukeln und irgendwann später im Leben einmal für den lakonischen Satz geradestehen müssen: »Du, ich bin heute überhaupt nicht gut drauf.«

Das klingt ärmlich, gerade wenn wir den Menschen stammesgeschichtlich betrachten. Bei einem unserer bedeutendsten biblischen, nachgeordnet auch literarischen Stammväter, bei Joseph, dem Ausleger angstvoller Träume, ist noch vorbildlich von einer »großen und bitteren Klage« die Rede (vgl. 1. Moses 50,10).

»Groß und bitter« sind Eigenschaften, die den Weg in die Kunst weisen. Oder denken wir an die Jereminaden, die herben Rufe des Propheten Jeremias. Sie sind, wenn nicht der ganze Stolz, so doch ein wichtiger Bestandteil des Alten Testaments. Da dringt erhabenes Zittern in die Seelen der Zuhörer, da wurde eine gewaltige kulturhistorische Vorarbeit geleistet. Es kann nicht wirklich überraschen, dass Rudi Dutschke seinem Sohn unter mehreren Vornamen auch den des Propheten Hosea mit auf den Lebensweg gab, ein Quengler, wie nur Gott ihn schaffen konnte.

Stellen Sie sich Moses vor, der, vom HÖCHSTEN auf dem Berg Sinai zur Rede gestellt, die Winkel seiner Lippen nach unten zieht und sagt: »HERR, ich bin heute überhaupt nicht gut drauf.«

Heute sind aus Wehklagen, ich habe am Beispiel meiner früheren Kunstradpartnerin Claudia darauf hingewiesen, dürftige Konstruktionen mit meist nur einem kargen Hilfsverb geworden. Vielleicht ist das Unglück ja auch zu groß geworden. Nein, ich verschließe keineswegs die Augen vor dem alltäglichen Leid der Welt, nur, mit Verlaub, man sollte es angemessener ausdrücken.

Gestatten Sie mir zur Verdeutlichung noch zwei Szenen, die mir in den Sinn kommen.

Frankfurt, ein Stand auf der diesjährigen Buchmesse: der junge Verleger im Gespräch mit einer deutlich ergriffenen, unschwer als deutsche Kulturjournalistin auszumachenden Dame, aus der Sicht eines Schneiders mithin eher zugehängt als bekleidet.

Das Gesicht des jungen Verlegers kaum mehr als in die hohe Stirn emporgezogene Augenbrauen des Entsetzens und dunkle Augen, in denen tiefer Schmerz glüht, dazu die düsteren Sätze: »Bestseller, meine Liebe, Bestseller ru-i-nieren einen Verlag. Kommerziell und vom Niveau. Autoren orientieren sich nur noch an Bestsellern. Ekelhaft. Nein, in unserem Haus herrscht überhaupt kein Jubel über die neuen Verkaufszahlen.«

»Das muss ja schrecklich für Sie sein«, sagt die Kulturjournalistin, berührt kurz die schlanke Hand des jungen Verlegers und greift nach dem schwarzen Schleier.

Klage ist des Kaufmanns Gruß, das haben wir uns gemerkt, doch selten hört man diesen Gruß so kunstvoll vorgetragen. Knapp, fast archaisch verkürzt, selbst in der griechischen Tragödie war man redseliger.

Die nächste Szene spielt noch am selben Tag unserer Begegnung mit dem traurigen Verleger auf dem Flughafen der Messestadt, unmittelbar vor dem Einsteigen in die Maschine nach München. Diesmal klagt eine strenge weibliche Stimme, passend zu dem anthrazitfarbenen Hosenanzug von Jil Sander, in dem die Trägerin der Stimme steckt. »Können Sie sich eine solche Welt vorstellen?«, fragt also eindringlich die heisere Stimme aus dem Hosenanzug, »eine Welt, in der zwei Jahre lang kein einziger BMW mehr verkauft wird?«

Vielleicht können wir aber auch in dieser Verblendung noch einen Wink der Hoffnung erkennen, ein »Ventilieren des richtigen Weges«, wie es unlängst ein bedeutender konservativer Politiker formulierte.

Vielleicht werden die Klagen langsam besser. Vielleicht gewinnt die Erkenntnis an Raum, dass Klagen die zeitgenössische, gut möglich auch, die einzige übriggebliebene Form des Gebetes sind.

Damit wären wir schon weiter.

Im technischen Zeitalter

»Liebe ist taub, nicht blind«, klagt im Mai 1627 der Dichter Ben Jonson, als er feststellen muss, dass die schöne junge Frau, der er so viele Komplimente gesungen, gehaucht, als Billetdoux geschickt hat, trotz seiner »süßen Worte« nicht über die grauen Haare (»my hundred of grey haires«), den dicken Bauch (»my mountaine belly«) und das zerklüftete Gesicht (»my rockie face«) ihres Anbeters hinwegsehen will.

Hier übertreibt der Poet, die Enttäuschung mag ihn entschuldigen.

Virtuosen des kunstvollen Wortes neigen dazu, in ihrem Gram aus einem vereinzelten Beispiel gewaltige Schlüsse zu ziehen.

Oder in ihrem Glück.

Schon wenige Jahrzehnte nach Ben Jonsons Lamento brüstet sich ein namhafter französischer Salonlöwe damit, dass weder Buckel, Gicht, Klumpfuß noch andere körperliche Entstellungen des Redners eine schöne Frau davor schützen, ihm zu verfallen. Vorausgesetzt, der Löwe habe die Möglichkeit, sich »in einer Situation der diskreten Abgeschiedenheit auf die Dauer von zwei, allenfalls drei Minuten« der Dame zu erklären.

Hier übertreibt der Salonlöwe, ihn mag die Eitelkeit entschuldigen.

Bereits ein kleiner Triumph, warnt uns Cicero, kann zu einem unstatthaften *(non accipiendum)* Lehrsatz *(doctrina)* führen. Dabei fußt die triftige Theorie *(doctrina probabilis)* auf einer langen Beobachtung, dem Schauen auf die Wahrheit.

Der Name Cicero darf recht bedacht in keiner Abhandlung über die Kunst der Gesprächsführung fehlen. Das verdient ein Redner, dem als letzte Bestrafung die Zunge durchstochen wurde. Andererseits, auch das wollen wir nicht verschweigen, war Cicero ein unerbittlicher, meist humorloser Rechthaber, ein gnadenloser Wortklauber, ein gewandter, manchmal nachgerade ein Hassprediger und damit alles andere als eine glückliche Besetzung für ein heiteres Abendgespräch vor dem Kamin, in dem die undeutlichen Grenzen zwischen »*accipiendum*« und »*non accipiendum*« noch einmal frisch verhandelt werden.

Es sind in diesen ersten wenigen Zeilen bereits eine Reihe von Wörtern aus fremden, auch einer toten Sprache angeführt worden. Das war notwendig, um den Leser kulturkritisch auf das Thema »Blogging« vorzubereiten, die heute so beliebte und gängige Form des Nah- und Fernverkehrs im Gesprächsbereich. Mit gutem Grund reden Kulturwissenschaftler, wenn das einschlägige Thema aufkommt, von dem Ende unserer herkömmlichen Gesprächskultur – mit einem gewissen Recht reden sie auch von der Rettung unserer herkömmlichen Sprachkultur. Warum sollten Kulturwissenschaftler in ihren Prognosen oder Analysen auch verlässlicher sein als die ihnen geistig fast ebenbürtigen Wirtschaftswissenschaftler, denen gegenüber sie zumindest den Vorteil haben, mit ihren Theorien keinen allzu großen gesellschaftlichen Schaden anzurichten.

Es koexistiert daher in freundlicher oder gespannter Gemeinschaft die Lehrmeinung, dass Bloggen, weil alle es dürfen, die einzig demokratische Form der Meinungsbildung, mithin die wahre Zukunft des Journalismus darstellt, mit der Lehrmeinung, dass Bloggen zu einem wichtigen Faktor in der Werbung geworden ist und die wahre Zukunft des Journalismus darstellt, mit der Lehrmeinung, dass Bloggen die Personalkosten der publizistischen Medien senkt, damit Renditeerwartungen steigert und die wahre Zukunft des Journalismus darstellt.

Als die Menschen noch Aug' in Aug' miteinander redeten und dabei Gott und die Welt zum Anlass für ein Gespräch nahmen, konnte man häufig die mutige, bisweilen trotzige Ankündigung hören: »Ich stelle jetzt einmal die folgende These in den Raum.« In dem Wort »Raum« schwang dabei etwas Kühnes, fast Kosmonautisches, gleichzeitig ehrfürchtig an Immanuel Kants gestirnten Himmel Gemahnendes mit.

Heute stellt man seine These nicht mehr in den Raum, man stellt sie ins »Netz«. Dieses Netz hat Betreiber, und es ist über den gesamten Globus gespannt. Die Animatoren des Betriebes nennen diese Ausdehnung subjektiv zutreffend »weltweit«, schon weil unser Globus meist sehr präzise die Grenzen ihrer eingeschränkten Phantasie beschreibt.

Der Unterschied zwischen dem Bild »Netz« und dem Bild »Raum« könnte auffälliger kaum sein.

Das Netz hat eine handwerkliche, augenfällig bodennahe Bestimmung, es schließt zusammen, umfängt, engt auch immer, zugegeben: mit einer gewissen Durchlässigkeit, ein. Ist als Jagdgerät aber unendlich sanfter als der Speer. Taugt, recht besehen, mehr zum Sammeln als zum Jagen. Gut, ich weiß, was Sie hier einwenden wollen, naturgemäß gibt es auch die unerfreulichen Varianten des erstickenden Schleppnetzes und des grausamen Stahlnetzes. Varianten gibt es immer.

Als Metapher, als Schablone für unsere Deutung der Welt stammt das »Netz« aus jener Zeit, in der ein neuer Feminismus und die Ökologie sinnliche Modelle für lebenspraktische Orientierung lieferten. Mit »Vernetzung« ließen sich unauffällig elegant »Systeme« unterwandern wie von lustigen Maulwürfen, wobei der populäre Begriff »System« die Kurzform des Wortes »Herrschaftssystem« darstellte. System war, ausgedrückt in der armen Sprache der Zeit, »was kaputtmacht«, Netz dagegen »die heimliche Familie«.

Familiengespräche, das lehren uns Erfahrung und einschlägige Forschungen, sind das Paradies der Kommunikation von Moostierchen.

Das Gehirn dieser unserer urzeitlichen Verwandten liegt in enger Nachbarschaft zwischen Mund und Ausscheidungstrakt. Das Gehäuse ist oft verkalkt, neuer Stoff wird durch dauerhaftes, doch ungezieltes Strudeln herangezogen oder abgewehrt. So geht das seit Jahrmillionen, hat sich als praktisch, vertrauenerweckend und unaufwendig bewährt, taugt aber gerade wegen seiner Schlichtheit wenig für die Kunst.

Auch deshalb liegt die gedankliche Verbindung zum Bloggen so nahe. Der Blogger wendet sich an eine Person oder an eine virtuelle Gemeinschaft im »Netz«, dem universalen Mutterkuchen dieser Gesprächsform. Der Struktur nach hält unser Mitteilungsbedürftiger eine klassische Zwiesprache. Es gibt ja tatsächlich einen oder mehrere Adressaten für die Botschaft. Was aber diese Rede, sagen wir besser: diese Äußerung, von anderen klassischen Auftritten unterscheidet, von Cicero, der auf den römischen Senat eindröhnte, seinen griechischen Vorbildern auf der *agora*, dem Markt von Athen, von Ben Jonson in seinem Werben um die Frau oder von jenem französischen Salonritter mit seinem Kurzauftritt, ist die kindliche Verpuppung des Bloggers. Er redet nicht zur Welt, er redet zu Mama, vertrauensvoll in Sätzen, die keine Gestalt haben müssen, es bleibt ja schließlich alles in der Familie, unter Moostierchen.

Da muss sich der Sprecher auch nicht zeigen, es gibt ja nichts zu verbergen. Dennoch sollten bei diesem Gespräch die Fenster geschlossen bleiben, die Jalousien herabgezogen werden. Um es mit Leibniz auszudrücken: das Gespräch als fensterlose Monade.

Denn der gestirnte Himmel, dieser ganze weite, unendlich unvernetzte Raum, das wirkt alles so, wie soll ich sagen, so erwachsen, so schrecklich abweisend.

Erzwungene Gedanken über den herrschaftsfreien Diskurs

Es ist eine geräumige, allerdings kalte Arrestzelle, in der ich das letzte Mal sehr ausführlich über den Philosophen Jürgen Habermas und seine Theorie des herrschaftsfreien Diskurses nachdenke. Die Geschichte trägt sich vor wenigen Jahren an einem Märztag zu, knapp eine Woche nach meinem Geburtstag. In Peking ist der Volkskongress zusammengetreten, das staatliche Fernsehen zeigt unablässig Bilder von Menschen, die sehr lange, sehr ernsthaft, dazu auch sehr wirkungsarm reden und denen trotzdem von ihrem Publikum viel Beifall gespendet wird. Zuhören, sagt ein Reporter, bedeute, die Wahrheit in den Tatsachen zu suchen.

Chinesische Militärpolizisten haben mich am Nachmittag mit einer gewissen Berechtigung in Gewahrsam genommen, weil ich gegen ein Gesetz ihres Landes verstoßen habe. Um die näheren Umstände nur kurz anzudeuten: Dort, wo unsere Kamera an einem belebten Platz und unter einem eher milchigen Himmel steht, wäre Filmen allenfalls dann gestattet, wenn zuvor eine Reihe von amtlichen Anträgen mit vielen roten Siegeln und eindrucksvollen Schriftzügen die Berechtigung meiner Neugier bezeugt hätte.

Es gab keinen einzigen Antrag, geschweige denn viele rote Siegel. Meine Festnahme geschieht dennoch ohne Ausübung von Gewalt, mit einer gelassenen, wenn man so will, routinierten Geschmeidigkeit, der ein zufälliger Beobachter seinen sportiven Respekt nicht versagen könnte.

Der Platz, um auch dieses nicht zu verschweigen, liegt im Westen der chinesischen Hauptstadt, direkt vor dem Tor, das zum Hauptquartier einer berühmten Armee führt.

Die Zelle, in die ich verbracht werde, verbindet ein kleines Fenster mit dem Platz, auf dem Kinder spielen, deren fröhliches Lied noch durch das dichte Glas dringt. Die Kinder singen von einem Tiger, der seinen Schwanz verloren hat. Zur selben Melodie fragen in Europa französische oder deutsche Kinder, ob Bruder Jakob noch schläft. Es ist ein sehr beliebtes Lied und mir schon oft begegnet.

»Das ist doch komisch«, singen die Kinder auf dem Platz im Kanon, »einer hat keinen Schwanz mehr, das ist doch komisch, einer hat keinen Schwanz mehr, das ist doch wirklich komisch.«

Plötzlich wird die Tür der Zelle aufgestoßen, ein drahtig gedrungener, empört dreinblickender Uniformierter stürmt in den kleinen Raum – nicht aggressiv, eher trotzig, so als habe er eine Mutprobe zu bestehen –, läuft zum Fenster, reißt die schweren Vorhänge vor die Scheiben und verschwindet fast noch schneller, als er gekommen ist. Man könnte von einer Erscheinung sprechen, einer wundersamen Epiphanie aus dem Alten Testament, würde der blitzgeschwinde Entzug von Licht und Laut nicht den gedanklichen Sprung zu einer biblischen Legende mit insgesamt glücklichem Ausgang verbieten. Die Vermutung erhärtet sich bald, dass dieser Mann in Zukunft die Rolle des Bösen Befragers verkörpern wird.

»Sind Sie zum ersten Mal hier?«, fragt drei Stunden später der freundlichere der beiden Vernehmenden.

Ich kenne mich in den Rangabzeichen der chinesischen Volksbefreiungsarmee nicht sonderlich gut aus, schließe aber aus dem gelassenen, fast jovialen Ton, dass es sich um einen höheren Dienstgrad handeln muss. Außerdem stellt er sich mit seinem Nachnamen vor, altmodisch ausgedrückt habe ich die Ehre mit einem Herrn Pang.

»Wir wollen nur herausfinden, ob Sie triftige Gründe für Ihr bedauerlicherweise sehr fehlerhaftes Verhalten anführen können«, sagt Herr Pang, zieht ein schwarzes Notizbuch aus der Uniformjacke und schlägt die Beine übereinander.

Der Ausdruck »triftige Gründe« kann nicht zum Standardvokabular chinesischer Offiziere gehören, überlege ich, nachdem ich erklärt habe, was ich ihm und seinen Kameraden jetzt bereits ein halbes Dutzend Mal erklärt habe: Nein, ich hätte die Kamera nicht dort aufstellen dürfen, wo sie aufgebaut wurde. Ja, ich sei mir bewusst, dass Filmaufnahmen an diesem Ort einer vorherigen Genehmigung durch die zuständigen Behörden bedürften. Nein, mir sei nicht klar gewesen, wo ich mich befinde. Ja, ich …

»Sie wollen sagen, Sie haben nicht zum ersten Mal ein Legitimationsproblem«, unterbricht mich Herr Pang, »da stimme ich Ihnen zu.«

Naturgemäß sollte mich seine Wortwahl überraschen, so redet man nicht in einem Verhör. Nicht einmal in Deutschland, obwohl mir hier die einschlägige Erfahrung fehlt. Der Böse Befrager, jener kleine, drahtige, überfallartige Schließer von Vorhängen, hat im selben Zusammenhang ebenfalls bereits ein halbes Dutzend Mal sehr viel abfälliger von meinem »miesen, trickreichen, leicht durchschaubaren Heucheln« gesprochen.

Vielleicht bin ich über Wörter wie »triftig« und »Legitimationsproblem« nur deswegen nicht völlig überrascht, weil mir an diesem Tag vom Himmel bereits ein Signal geschickt wurde. Das war kurz nach Sonnenaufgang vor einem Krankenhaus, wenige Hundert Meter entfernt von der Kreuzung, auf der ich später die Kamera aufbauen lasse, was mir den Rest des Tages vergällen sollte.

An diesem frühen Morgen bewegen sich auf dem Parkplatz des Krankenhauses zwanzig, dreißig in dicht wattierte dunkelblaue Jacken und Hosen gepackte Paare, manche im Tanz zu den Tangoklängen eines Kassettenrekorders, andere in Figuren, die an Übungen aus traditionellen Kampfsportarten erinnern, nur werden sie, dem Alter der Teilnehmer entsprechend, sehr viel bedächtiger, gleichsam im Largo vollzogen.

Vor den Kampfsportlern hockt auf einem Bambusschemel, so niedrig, dass er den Abstand zwischen Erdboden und Sitzfläche praktisch bedeutungslos macht, ein Greis, der zwischen seine Beine die zweisaitige chinesische Geige, die Er-hu, geklemmt hat. Der Mann mag siebzig oder achtzig Jahre alt sein, und dort, wo er das Instrument mit den Knien festhält, lassen die Hosenbeine die Haut durchschimmern. Auch die Textur der gestreiften Jacke zeigt kein überzeugend einheitliches Bild mehr.

Es überrascht somit, dass dieser Mann, wenn er beim Singen eine Reihe von Zähnen zeigt, offenbar angstfrei einen kleinen Goldtresor öffnet. Mit sieben, schon in der frühen Sonne verlockend schimmernden Schneidezähnen kann man sich als Straßensänger selbst in der Volksrepublik China nicht völlig sorglos bewegen. Missgunst, Neid, Gier, die bekannten Titel menschlicher Verfehlungen, sind leider auch hier nicht unbekannt. Da schützt kein fadenscheiniges Gewand.

Man kann, andererseits, nicht einmal als chinesischer Straßensänger die Weise »Jesu, meine Freude« (Bach-Werke-Verzeichnis Nr. 227) mit geschlossenem Mund vortragen, selbst wenn der Künstler sie vor chinesischen Senioren sang und auf seiner zweisaitigen Geige strich.

Der Choral »Jesu, meine Freude« ist mir schon allein deshalb unvergesslich, weil er Pate stand, als Jürgen Habermas vor vielen Jahren am Starnberger See seine Theorie des herrschaftsfreien Diskurses entwickelte.

Das Wort »Pate« drängt sich hier etwas ungebührlich vor. Es bleibt dennoch daran zu erinnern, dass unmittelbar hinter dem Forschungsinstitut, in dem der berühmte Philosoph seine Gedanken über den idealen Verlauf eines Gesprächs formulierte, ein Rentner jeden Morgen aus der Glastür seiner Veranda in den Garten trat, die Hände wie ein disputierender buddhistischer Lama am ausgestreckten Arm zusammenschlug und dazu »Jesu, meine Freude« anstimmte. Darauf kamen weitere Hausbewohner ins Freie, warfen einander ein paar Worte zu, schüttelten offenbar abwägend den Kopf, nickten schließlich und verschwanden wieder im Haus.

Ob Jürgen Habermas dem Choral »Jesu, meine Freude« überhaupt lauschte, ist nicht verbürgt. Mit Joseph Ratzinger, dem Oberhaupt der katholischen Kirche, debattierte er erst, als er nicht mehr dem Starnberger Institut vorstand. Würde man mich fragen, hielte ich es dennoch nicht für ausgeschlossen, dass die Szene – wenn vielleicht auch unbewusst und gewiss nicht so nachdrücklich wie die idealisierte Erinnerung an Gemeindesitzungen in Neuengland – seine Theorie des kommunikativen Handelns zumindest konturierte. Damit sollen selbstverständlich die Beiträge der behavioristischen Denkschule, der analytischen Sprachphilosophie, der pragmatischen Hermeneutik, der Theorie der Luhmann'schen Interpenetration nicht geschmälert werden. Aber manchmal übersieht die Wissenschaftsgeschichte auch die kleinen symbolischen Auslöser, die, wer weiß, im Garten eines Hauses an der sich den steilen Berg zwischen Starnberg und Söcking hinaufwindenden Straße, etwa in Höhe des berühmten »Haus der 101 Biere«, ihre historische Wirkung entfalteten.

Von diesen möglichen Zusammenhängen kann selbst Herr Pang, der freundlichere der beiden Männer, die mich in Peking verhören, keine Ahnung haben. Auch das so schmucke wie triviale Bild des Schmetterlings aus der neuzeitlichen Chaostheorie, dessen Flügelschlag einen Tsunami auslöst, hilft an dieser Stelle nicht wirklich weiter.

Dennoch sagt jetzt ebenjener Herr Pang, der gerade wieder die Beine übereinandergeschlagen und sein Notizbuch geöffnet hat, einen Satz, der sein Zuhause nicht in den chinesischen Regelbüchern für die Befragung von Angeschuldigten haben kann: »Sie erkennen somit an, dass Ihre Argumente einer rationalen Überprüfung nicht standhalten.«

Würde es sich bei diesem Gespräch wirklich um einen vollendet herrschaftsfreien Diskurs handeln, hätte ich jetzt sehr trivial dagegengehalten, dass schon die äußeren Umstände der Erörterung gegen das Habermas'sche Postulat der Freiheit von Zwängen verstießen. Andererseits befinde ich mich in chinesischem Gewahrsam und nicht in der Gewalt von Amerikanern in Guantánamo. Daher muss ich nur ein Protokoll unterschreiben, danach ein weiteres Protokoll unterschreiben, um danach ein letztes Protokoll zu unterschreiben.

Jürgen Habermas hätte an dieser Stelle kritisch von Legitimation durch formale Verfahren gesprochen. Protokolle bringen schließlich eine Form der Legitimität in Gespräche. Habermas wäre aber vielleicht auch, das Wort »klammheimlich« ist hier natürlich ganz fehl am Platz, wäre also klammheimlich nicht völlig unglücklich über die Botschaft, dass die Begriffe »triftige Gründe« und »rationale Überprüfungen« ihren globalisierten Zauber bereits entfaltet haben.

Man wird sehen, ob sich die Geschichte weiterhin zum Guten entwickelt.

Liebesgeflüster

Sehr häufig habe ich die Geschichte noch nicht erzählt, die von meiner Zeit als Synchronsprecher für chinesische Pornofilme berichtet. Es war allerdings auch eine äußerst kurze, mein weiteres Leben nicht sonderlich prägende Karriere, nur drei, vielleicht vier, allenfalls fünf Rollen wurden mit mir, besser gesagt, mit meiner Stimme besetzt.

Die genaue Zahl meiner Auftritte ist deshalb nicht mehr zu ermitteln, weil die Äußerungen von Synchronsprechern, gerade in chinesischen Pornofilmen, dem Gebot der Mehrfachverwendung unterliegen. Schon damals in Hongkong hielten geschickte Produzenten das Gut der schützenswerten individuellen Äußerung für vernachlässigbar, selbst wenn sie im Namen der Kunst geschah. Es ist daher nicht auszuschließen, dass Sie mit meiner Stimme die sehr maskuline Erscheinung eines aggressiven japanischen Ringkämpfers verbinden oder die eines schüchternen amerikanischen Lehrers, der in einem Bordell in Kowloon nach seiner Leibwäsche sucht.

Für das, was man an dieser Stelle etwas großzügig »den Text« nennen könnte, spielen allerdings kulturelle Unterschiede eine genauso geringfügige Rolle wie die Kennzeichnungen dick, mager, glatt oder haarig.

Wir behandeln hier nämlich ein Problem der Konversation von universalem Zuschnitt. Die Rede ist von jenen Wort- oder Lautwechseln, die mit dem Akt der Liebe einhergehen und deren Beherrschung den meisten Liebenden genauso schwerfällt wie den Künstlern, die diesen heiklen Vorgang geschmackvoll, vielleicht sogar vorbildlich einzufangen versuchen. So recht einfach haben es bei diesem Motiv nur bildende Künstler und Opernkomponisten. Die einen, weil ihre Werke stumm sind, die anderen, weil sie übertreiben dürfen.

Zum Beleg für die Schwierigkeiten eines virtuosen Umgangs mit der Situation könnten wir uns auf einen längeren Gang durch die Literaturgeschichte aufmachen. Ovid hat den Moment in seiner *Liebeskunst* ja sehr dramatisch beschrieben als jenen, »da der Gott alles Künstliche« verjagt«. Doch schon der Ahnherr der erotischen Literatur legt wohl nicht ganz freiwillig einen gnädig dicht gewobenen Schleier über alle konkreten Äußerungen, die nach dem Austausch von reizvollen Gedichten und artigen Komplimenten bis zu ebenjenem Akt der Verjagung des Künstlichen einsetzen.

Was hier der staatlichen Zensur Roms oder einer verständlichen Scheu vor dem genauen Hinhorchen zugerechnet werden kann, sollen gefälligst Literaturhistoriker herausfinden. Zudem ist Ovid beileibe nicht der einzige Dichter, der seine Kunst davonjagte, wann immer die menschliche Rede vor dem Umkippen in die Lautmalerei stand. Seine chinesischen, seine persischen, seine irischen Dichterkollegen zogen an dieser Stelle gleichfalls einen schweren Vorhang, um das empfindliche Ohr des Lesers oder Zuhörers zu schützen.

Die Vergangenheitsform ist in dieser Erzählung nicht wirklich angebracht, sonst wäre ich ja nie in jenes Hongkonger Synchronstudio gelangt, in dem es übrigens unangenehm heiß war, nachgerade heißfeucht, und etwas streng nach nicht mehr ganz frischem Fisch roch, jenes Studio, nicht weit vom Hafen, das nur über eine sehr enge Treppe zu erreichen war und in dem ich beim Aufleuchten einer grünen Signallampe mit meinem schweren deutschen Akzent auf Mandarin in einem sehr bemühten, deutlich verschwitzten Staccato Sätze ins Mikrofon keuchte, wie:

»Gemütlich, gemütlich, ich sage dir, gemütlich bis zum Anschlag.«

oder:

»Das ist nicht mein kleiner, ha, ha, das ist mein großer Bruder.«

oder:

»Bohnenquark, komm schon, lass uns noch etwas Bohnenquark essen.«

Der Leser vermutet hier erotische Schlüsselworte aus einem nur flüchtig vertrauten Kulturkreis. Da liegt der Leser nicht ganz falsch.

Er glaubt gleichzeitig jedoch, »irgendwo«, wenn nicht »instinktiv« zu spüren, worum es in diesen Wortwechseln bei genauerem Zuhören gehen könnte. Dieser Glaube trügt ihn schon deshalb nicht, weil das Hervorbringen von Sätzen, in denen der Gott der Liebe alles Künstliche verjagt, nicht auf den europäischen Kulturkreis beschränkt ist.

Ein wenig verhält es sich so, dachte ich, während ich im Studio auf das grüne Zeichen für meinen Spracheinsatz wartete, wie mit dem Tuten der weißen Fährboote, die eifrig zwischen der Insel Hongkong und den aufnahmebereiten Anlegestellen in Kowloon verkehren. Die Boote blasen dumpfe oder schrille Signale aus ihren Hörnern, wenn sie einander näher kommen. Nein, eine Sonate für zwei Stimmen wird das nicht, doch für einen reibungslosen, schon damit vielleicht glücklichen Verkehr reicht es in fast allen Fällen.

Womit wir bei Ovids spätem Schüler Maupassant gelandet wären, der nach Auskunft meines gelehrten Freundes Carlos in seiner schonungslosen Erzählung *Mots d'amour* wohl der erste Literat war, der auf die schreckliche Diskrepanz zwischen höchster Erregung von Herz und Lende und besonders dämlichem Sprachverhalten hinwies. In einem Brief an seine Geliebte lässt Maupassant seinen Helden schreiben:

»... Und in einem solchen Augenblick nennst Du mich mit größter Gemütsruhe ›Mein herzgeliebtes Mausebiestchen ...‹«

Zugegeben, ich habe gerade in Hongkong in meinem provokant unbeholfenen, knarzenden Mandarin das Wort »Bohnenquark« vorgebracht, das geschieht allerdings im Namen einer anderen Weltsprache und auf den höheren Befehl eines grünen Lichtzeichens. Dennoch klingt der Ausdruck nicht viel besser als »Mausebiestchen«.

Ich weiß noch, wie sehr sich der Held der *Mots d'amour* darüber erregt, von seiner Geliebten in einer vergleichbaren Situation »mein Truthähnchen« genannt zu werden, an anderer Stelle ist von »meiner kleinen Hirschpastete« die Rede. Der Weg des Herzens von Hirschpastete zu Bohnenquark ist so weit nicht.

»Ungustiös« wäre trotzdem eine durchaus nicht unangebrachte Kennzeichnung dieser, mit akademischem Verlaub gesagt, unvollständigen Sprechakte im Unaussprechlichen, ginge es tatsächlich um den Austausch von intelligiblen, mithin an die Kraft des Verstandes sich wendenden Aussagen.

Nicht auszuschließen, dass es irgendwann auch nicht mehr um den Austausch von mehrsilbigen Sachwörtern kulinarischer Herkunft, sondern nur noch um das Hervorbringen von längeren und kürzeren Lauten, von Schreien geht, von Geräuschen, jetzt sind wir, weit entfernt von Hongkong und doch sehr nahe in der Sprecherkabine, bei Flaubert und Zola, von Geräuschen, die das Ohr des Mannes mit Befriedigung erfüllen, solange diese Literatur von Männern geschrieben wurde.

Hatten die Götter und nachgeordnet die von ihnen mit der süßen Kraft der Lyrik ausgestatteten Dichter nicht doch recht, wenn sie an dieser Stelle sagten: »Schluss jetzt!«, möglicherweise auch: »Götter müssen nicht alles hören, es gibt schließlich einen Bereich, der selbst uns heilig, und das heißt unantastbar, ist!«?

Wenn Sie jetzt enttäuscht sind, weil ich Ihnen an dieser Stelle nicht verrate, welche Wörter Sie statt »Mausebiestchen« oder »Bohnenquark« verwenden sollten, in jenem raren Moment, wenn die Kunst sich gerade aus dem Staub gemacht hat, denken Sie einfach an ein Synchronstudio in Hongkong und das Glück, dort nie unter viel zu engen, weil auf einen schmalen chinesischen Kopf zugeschnittenen Kopfhörern an der Wiedergabe des Wortes »Bohnenquark« gearbeitet haben zu müssen. In einem knarzenden Mandarin, das einem japanischen Ringer, vielleicht auch einem amerikanischen Lehrer unterlegt sein könnte.

Sind Sie öfter hier?

So lange ist es ja noch nicht her, dass die internationale Unternehmensberatung auf einen poetischen Hinweis aus der französischen Sozialphilosophie reagierte, der, sehr vereinfacht formuliert, behauptete, der Begriff der Wahrheit habe sich weitgehend erledigt und sei durch die Strategie des Erzählens zu ersetzen.

Wir erzählen einfach eine Geschichte.

Naturgemäß erzählen wir nicht mehr einfach eine Geschichte, wie wir sie aus *Tausendundeine Nacht* kennen, heute entwerfen wir eine Narrative. Das Tätigkeitswort »narrare«, dem die oder das Narrative ihr oder sein Leben verdankt, flößt schon durch sein Latein einen Respekt ein, der anderen Bemühungen um Überzeugungskraft abgehen muss. Das kann, das sollte man sich zum Vorteil machen, vorausgesetzt, man ist in die Kunst des Erzählens eingeweiht. Denn nur wer stimmige Geschichten vortragen kann, wird in der Lage sein, sich in unserer Gesellschaft zu behaupten, ihr die eigene Geschichte aufzudrücken. Dabei gilt es den Satz zu beherzigen, dass es auf dieser Welt immer mehr Begründungen als Fakten gibt. Man muss nur gefragt werden und sich auf Deutungen verstehen.

Sie geraten, sagen wir, mit einem gewissen Gefühl des Fremdelns in eine Runde von überwiegend Unbekannten, die sich zu einem Elternabend, zu der Eröffnung einer Ausstellung zeitgenössischer Malerei, dem Aufstieg des örtlichen Sportvereins in eine höhere Liga, einer Versammlung von Gläubigern zusammengefunden hat. Die aufgezogenen Gesichter sind Ihnen nur von einem rohen, eher allgemeinen Zuschnitt her vertraut, eine wunderliche Summe von Bekanntheit, die sich aber nicht auf einen bestimmten Einzelfall, eine Ihnen bekannte Person kürzen lässt: hier eine hohe, lichte Stirn, wie sie gerne in intellektuellen Nachtprogrammen des Fernsehens getragen wird, dort ein markantes Kinn, das exakt auf das Rednerpult einer Parteiveranstaltung oder einer Vertretersitzung passt, drüben ein halbmondartig herabgezogener Mundwinkel mit schwachem Rouge, der uns das letzte Mal in der Aussegnungshalle auf dem Nordfriedhof begegnet ist, direkt jetzt vor Ihnen eine erfreulich junge, hilflose Erscheinung mit leicht geröteten Grübchen, die sich als die gute Fee erweist.

»Sind Sie öfter hier?«, fragt die gute Fee.

Diese Frage muss man als den seltenen Moment eines himmlischen Glücksfalls betrachten. Die schlichte Frage, gleichsam die Leerfrage, die nur darum bittet, einen gerade geknüpften Kontakt nicht gleich wieder abreißen zu lassen, diese Frage fleht nach einer Erzählung.

Für Ihre Erzählung ist von größter Bedeutung, dass sie zunächst einen historischen Bezug herstellt, welcher der Frage ihre Berechtigung in diesem Raum und zu diesem Zeitpunkt zuspricht. Dabei spielt es naturgemäß keine Rolle, ob die Antwort mit der Option »zum ersten Mal« oder »regelmäßig« arbeitet.

Nehmen wir an, das Zusammentreffen mit der guten Fee findet aus Anlass einer Ausstellungseröffnung statt. Gespräche auf Vernissagen sind höllisch gefährlich, darum wählen wir gerade dieses Beispiel. Um Sie herum fliegen wie präzise gefaltete kleine Papierschwalben kundige Sätze über die Künstlerin, wie:

»Ihre Direktheit, die mich übrigens sehr berührt, schützt sie vor der billigen Avantgarde.«

»Mit jedem Bild beginnt sie wieder von vorne.«

»Ich sehe das nicht so ausgeforscht wie bei Baselitz, eher als melancholische Frechheit.«

»Interessant, dass Sie das so ausdrücken, ich würde da ein relatives Fragezeichen setzen, gerade beim Schematismus ihrer Expressivität.«

Selbstverständlich können Sie in diesem Wettbewerb der Eingeweihten nicht bestehen, ganz gleich, ob Sie »öfter« oder »zum ersten Mal« hier sind. Es wäre auch völlig unsinnig, jetzt kritisch abwägend auf die »Darstellbarkeit von Malerei« oder die Probleme einer »ironischen Behauptungsrhetorik« einzugehen. Einmal weiß man nie, ob die gute Fee in der herben Wirklichkeit nicht doch eine zur Loyalität verpflichtete Aushilfskraft des Galeristen ist, zum anderen wird die Rolle eines Diskurspiraten nie sonderlich geschätzt.

Es hilft hier allein die Narrative mit ihren subversiven Möglichkeiten. Für das geschilderte Szenario empfiehlt sich eine Erzählung, die zu ihrem Ausgangspunkt ein weit entlegenes, dennoch dem zentralen Thema nicht völlig fremdes Sujet wählt. So wäre ein probater Einstieg der Hinweis auf Vorfahren, die sich »im vergangenen Jahrhundert mit bescheidenem Erfolg im norditalienischen Tuchhandel« einen gewissen Ruf erworben haben, »weshalb …«, hier sollten eine wichtige Pause und ein fragender, womöglich tastender Blick folgen, um zu erkunden, ob nicht gar schon zu viel Persönliches preisgegeben wurde.

Das schlichte deutsche Wort »Tuchhandel«, auf die eigene Ahnentafel gesetzt, verbunden mit der nicht überdeutlichen topographischen Bestimmung »norditalienisch« löst unter den Bedingungen des Salongesprächs im Rahmen einer Vorstellung von Ölgemälden einen ungewiss rätselhaft die Neugier, zugleich aber auch das Vertrauen des Gesprächspartners stimulierenden Effekt aus.

Im Gesicht der guten Fee entspannen sich die kleinen Muskeln, die für den Ausdruck der Konzentration zuständig sind, und überlassen das Feld den Darstellern entspannter intellektueller Anteilnahme.

»Ich war schon zweimal bei den Opernfestspielen in der Arena von Verona«, sagt die gute Fee, damit unbewusst-beflissen noch immer der eigenen Eingangsfrage nachgehend, ob der Besuch »öfter« oder doch »das erste Mal« erfolgte.

Darauf könnte man eingehen und das Gespräch auf Elefanten, Kamele, *Aida* und das Verhängnis des modernen Regietheaters, also in die Sicherheit des Banalen steuern.

Doch damit verhielten wir uns nur wie alle anderen Gäste dieser Zusammenkunft. Fraglich auch, ob die gute Fee noch weiter an unserer Seite bliebe.

Wir machen deshalb dort weiter, wo wir mit jener rätselhaften Ankündigung »weshalb« einen Bogen in das Ungewisse einer Erzählung gespannt haben.

»Mein Urgroßvater aus der mütterlichen Linie«, fahren wir somit fort, und an dieser Stelle gilt es, etwas schneller zu sprechen, weil selbst eine sehr gute Fee selten genug die erforderliche Geduld aufbringt, einem Familienbaum in die entfernteren Verästelungen nachzusteigen, »mein Urgroßvater belieferte damals die führenden Ateliers von Mailand, Venedig und Perugia mit Leinwänden. Kein Bild ohne seine Leinwand. Er soll einmal zu meiner Großmutter gesagt haben: ›Meine Kunst liegt aller Kunst zugrunde.‹«

»Weshalb ...«, ruft die gute Fee aufgeregt, glücklich, auf einen Besucher gestoßen zu sein, der ein gleichsam die Kunst hinterfragendes Recht und familiär verbrieftes Interesse hat, sowohl zum ersten Mal, wie auch öfter hier zu sein, der überhaupt, recht besehen, mit einem ganz anderen Blick, der alles versteht, weil er praktisch schon immer dabei war, sogar in der Gestalt seiner Ahnen.

»Weshalb ich mit Ihnen genau an die richtige Person geraten bin«, ruft die Fee.

An dieser Stelle herrscht kein weiterer Sprachbedarf.

»Ich find das toll, aber echt«, sagt die gute Fee.

Natürlich müssen wir noch darüber reden, wie diese Strategie bei Kunstveranstaltungen durchzuhalten ist, in denen keine Tafelbilder gezeigt werden.

Auf internationalen Automobilsalons, um nur ein gefährliches Beispiel zu nennen, kann man bloß sehr eingeschränkt mit dem Thema Tuchhandel auftrumpfen.

Kummerbund

Sie sind eher unverschuldet unglücklich in einer Gesellschaft von Rotariern gelandet, oder auf dem Empfang einer von BMW finanzierten Opernaufführung, dem geselligen Teil eines Mettwurstessens von Handelstreibenden aus dem Norddeutschen, dem Bundespresseball in Berlin, um nur ganz allgemein das mögliche Umfeld eines sozialen Krisengebiets zu beschreiben.

Sie haben diese Umgebung nicht verdient, denn Sie sind jung, intelligent und leiten den ästhetischen Reiz Ihrer Erscheinung oder Ihrer Garderobe nicht von einem ererbten oder eingenähten Markenzeichen ab.

Es tritt jetzt, das kann jeder Frau passieren, ein Herr auf Sie zu, den mangelndes Selbstwertgefühl und ein geschäftstüchtiger Herrenausstatter dazu verleitet haben, sich eine Schärpe um den Bauch zu binden.

Einen Kummerbund.

Sie liegen mit Ihrer Vermutung völlig richtig, dieser Mann wird Ihnen in wenigen Sekunden nach einem unschönen Hüsteln die klassische Frage stellen: »Sind Sie zum ersten Mal hier?« Vorher wird er sich aber noch kurz an die Nasenspitze gelangt, darauf an seinem Nackenhaar gezogen haben. Diese Nase kann spitz oder grob zulaufen, das Haar lockig fallen oder beim nervösen Fingerdruck seines Trägers winzige Spuren von Gel auf den Kuppen hinterlassen.

Sie warten aber nicht auf seine Eröffnung mit dem Bauern von b6 auf b7. Sie beginnen das Gespräch mit dem Zug:

»Warum tragen Sie einen Kummerbund?«

»Verzeihung?« (Ihr Gegenüber versucht hastig, seine sorgfältig vorbereitete Frage nach dem »ersten Mal« unauffällig in Rock- oder Hosentasche verschwinden zu lassen.)

»Kummerbund«, wiederholen Sie und sprechen das Wort jetzt auch in der angelsächsischen Intonierung aus, sagen also in der zweiten Variante: »Kömmerbönd«.

»Na ja«, wird der Mann erwidern – und jetzt hängt alles von seinen weiteren Worten ab, denn er kann sagen:

»Auf der Einladung stand unter Dresscode ›Black tie‹, da habe ich mich dran gehalten. ›Black tie‹ bedeutet Fliege mit Kummerbund. Mache ich gesellschaftlich immer so.«

Worauf Sie das Gespräch mit einem kurzen Lächeln beenden. Denn jetzt können Sie nicht mehr ausschließen, dass der Mann tatsächlich der Geschäftsführung eines deutschen Flughafens oder der Lufthansa ange-

hört und den Satz erfunden hat: »Ihr Flug ist zum Einsteigen bereit«, oder vor dem Kopulieren zu seiner
Bettgenossin sagt: »Schatz, deine Sicherheit ist unsere
höchste Priorität.«

Sie könnten aber auch das seltene Glück haben, bei
diesem Anlass auf einen Mann zu treffen, der tatsächlich aus schüchterner Angst vor dem herrischen Auge
des Herrenausstatters zuließ, dass sein Bauch mit einer
rosigfarbenen Schärpe umwickelt wurde, einen Mann,
der die Frage »Sind Sie zum ersten Mal …« allen Ernstes nur als einzigen Pfeil im Köcher seiner Konversa-
tionskunst aufbewahrt hat, kurzum, einen eher arglosen,
doch nicht ungebildeten Mann, der Ihnen antwortet:

»Kummerbund, Kummerbund, wirklich, ich habe mir
auch schon überlegt, ob dieses Wort tatsächlich auch
das bedeutet, was es nahelegt. Es soll ja aus Asien kommen. Andererseits kenne ich einen Mathematiker, Ernst
Eduard Kummer, nach ihm wurde die Kummer'sche
Fläche benannt oder auch die Kummer'sche Konfigura-
tion …«

Das hört sich schon nicht ganz schlecht an. Wenn
dieser Mann bei einer deutschen Fluggesellschaft arbeiten sollte, dann bestimmt nicht in jenem Bereich, in
dem Sprache so empörend rücksichtslos behandelt wird
wie die Beinfreiheit der Kunden. Selbst falls der Schärpenträger jetzt hinzufügen sollte: »Bauch und Kummer,
psychologisch gesehen …«, verlieren Sie nicht den Mut.
Naturgemäß gilt es, sehr flink und wachsam das Thema

»Kleidung« vom Thema »Kummer« zu trennen. Auch arglose Männer lieben Larmoyanz, weil diese Pose naturgemäß Tiefe verleiht. Fragen Sie die Poeten der Republik. Wir haben bereits darüber sprechen müssen. Also sagen Sie schnell:

»Gleichgültig, ob Bengalisch, Hindi, Urdu, in all diesen Sprachen steht das Wort ›cummer‹ für den oberen Lendenbereich, die Taille. Die ursprüngliche Bedeutung des Wortes ›Bund‹ ist ›Deich‹ oder ›Befestigung‹. Bestimmt kennen Sie in Schanghai die berühmte Promenade am Hafen, eben den ›Bund‹. Aber die Sitte, eine rote Schärpe um den Bauch zu tragen, haben die Engländer von den Indern übernommen. Eine rote Schärpe, das ist wichtig, eine schwarze Schärpe um den Bauch hilft überhaupt nicht.«

Hier sollten Sie unbedingt Ihrem Gegenüber die Gelegenheit geben, ein wenig Luft bis tief unter seine rote Schärpe zu ziehen. Männer bevorzugen Fachgespräche, daran besteht kein Zweifel. Abstrakt schätzen sie auch Frauen mit einer zielgerichteten Kompetenz in Textilien, allerdings selten, wenn diese Kompetenz droht, auf Gebiete wie »Lendenbereich«, »Bauch« oder »Taille« zuzuschnüren.

Daher wird der arglose, doch nicht ganz ungebildete Mann jetzt mit allen ihm zur Verfügung stehenden Mitteln der kulturellen Selbstverteidigung antworten:

»Die Figur der Heiligen Kümmernis, der Sainte Affligée in Frankreich, im Holländischen der Ontcommer, diese an das Kreuz genagelte Jungfrau mit dem langen schwarzen Bart und dem verlorenen roten Pantoffel ...«

Bei der Erwähnung des roten Pantoffels könnten Sie jetzt milde korrigierend eingreifen und darauf verweisen, dass die Schärpe Ihres Gegenübers zwar rot leuchtet, jener Pantoffel der offiziell nicht als Heilige anerkannten Jungfrau dagegen aus Gold war, jedenfalls in den wenigen Beschreibungen, die uns diese traurige Szene erhalten haben.

Ich würde allerdings davon abraten. Es könnte nämlich sein, dass der Mann, an dem Sie gerade ein klein wenig Gefallen gefunden haben, tatsächlich in die böse Gesprächsgrätsche geht: »Lassen Sie mich bitte ausreden«, und damit den guten Eindruck zerstört, den er durch seine Kenntnis der katholischen Heiligengeschichte gerade aufgebaut hat.

Sie warten somit geduldig auf eine kurze, kunstvolle Atempause und fahren dann fort:

»Weil es beim Kummerbund um die Abwehr gegen die Cholera geht. Cholera war die Geißel in den britischen Kolonialgebieten, gerade in Indien. Gegen diese Krankheit gab es für die englischen Besatzer kein Rezept. Heiße Bäder und Kochsalz, das war der Stand der ärztlichen Kunst. Daher die Schärpe um den Bauch.«

Dieser Moment bietet Ihnen eine gute Gelegenheit, den Augenausdruck Ihres Gesprächspartners zu erkunden. Lässt sich an seinem Blick ein mehr oder weniger deutlicher Zug zum Glasigen ablesen, ein Zeichen, dass Sie oder das Thema ihn zu langweilen drohen, müssen Sie entscheiden, ob Sie ihm noch eine Bewährungsprobe geben oder gleich die Hände öffnen und ihn entlassen in den tumben Schwarm der übrigen, glücklich unaufgeklärten Schärpenträger.

Sie haben sich für die erste Variante entschieden, senden also einen Blick aus, in dem eine ermunternde Frage liegt, und erfahren, dass Ihr neuer Bekannter die historisch unverbürgte Figur der weiland vom Vatikan verstoßenen Jungfrau Kümmernis kennt, weil er als Bub im Rheinland Messdiener war und damals das Geigenspiel lernte. Sie würden das Wort »Bekannter« ja wegen dessen nachweislicher Inhaltsschärfe ablehnen, haben aber im Augenblick keinen anderen Begriff, um Ihr Gegenüber einzuordnen, das jetzt fast unverfroren die ganze Ladung des Gesprächsstoffs in die eigenen Gestade zu segeln versucht.

»Die Heilige Kümmernis«, sagt er, »hat den HERRN angefleht, dass er ihr einen Vollbart wachsen lasse, damit kein Mann ihrer Jungfräulichkeit nachstelle, später hat sie den HERRN gebeten, dass sie durch das Spiel eines Geigers einen gnädigen Tod finde. Da habe ich mir in den Violinstunden schon gewaltige Sorgen gemacht. Man weiß ja nicht, ob es an dem Stück oder an seinem Spiel lag.«

Das Wort »Tod« ist Ihr Anhaltspunkt.

»In der ayurvedischen Medizin«, erklären Sie freundlich, als ob das in irgendeinem Zusammenhang mit dem Hinscheiden einer vollbärtigen Jungfrau, dem Verlust eines goldenen Pantoffels oder dem Spiel eines von Gott gesandten Geigers stünde, »in der dort praktizierten, traditionellen Heilkunst legt man den größten Wert auf die Zuordnung von Farben zu einer bestimmten Erkrankung. Jeder körperlichen Schwäche entspricht ein bestimmter Farbton. Der Cholera, genauer der ihren Verlauf begleitenden Körpertemperatur, hoch oder niedrig, ist ein leuchtendes Rot zugeordnet. Das Rot Ihres Kummerbundes.«

»Ich denke bei Cholera nicht in erster Linie an meinen Bauch«, sagt jetzt der Mann, und es hallt bereits eine Schwingung rosiger Resignation aus seiner Stimme.

Längst hat sich herausgestellt, dass Sie diesen Mann bald zu Ihren Freunden zählen werden, einmal, weil er so tapfere Gegenwehr geleistet hat, zum Zweiten, weil Sie gerade in der Gesellschaft von leuchtend roten Kummerbundträgern nicht damit rechnen durften, die Frage nach dem »ersten Mal« nicht gestellt bekommen zu haben. Deshalb sprechen Sie Ihre nächsten Sätze auch nur mit stark gedrosselter Emphase aus.

»Es geht um Ihren Nabel«, sagen Sie sehr schnell, gleichsam beiläufig eine kleine Vertraulichkeit mitteilend. »Vom Standpunkt der ayurvedischen Medizin aus dringt diese Krankheit durch den Nabel ein. Deshalb die rote Schärpe um den Bauch. Wenn Sie ein älteres englisches Wörterbuch unter dem Eintrag ›cummerbund, *correct usage of the term‹* befragen, werden Sie folgenden Dialog finden: ›*Sir, will you be wearing your cummerbund tonight?*‹ – ›*No, I'm not afraid of the cholera.*‹«

»Donnerwetter«, wird Ihr künftiger Freund sagen, hingerissen auch durch den Umstand, dass Englisch so einfach sein kann.

Sie werden daraufhin die Form seiner Nase genauer betrachten und überlegen, ob sie Ihnen zusagt, selbst wenn die Umgebung dagegen spricht.

Batavia – oder die Frage: Ist das auch wahr?

»Für die Jahreszeit und diesen Breitengrad«, beginne ich meine Geschichte, »war es ein ganz normaler, wie soll ich sagen, feuchtwarm-milchiger Tag. Jakarta liegt ja fast am Äquator. Ich nehme also eines der Taxis, die vor dem Hotel stehen, und lasse mich zum alten Hafen von Batavia bringen. Das ist eine ziemlich weite Strecke durchs Elend, und sehr erhebende Bilder bekommt man auf der Fahrt nicht zu Gesicht. Viel nackter Zement, viel Wellblech, viele Zeltbahnen aus Plastik, auch viel Pappe als Behausung. Aber über jeder Hütte die bunte Nationalflagge, das fällt mir aus irgendeinem Grund auf. Und überall jemand, der dir etwas verkaufen will: eine Glühbirne, sechs Blatt Klopapier, zwei Fetische aus Fischbein, was weiß ich. An einer Ampel, wir sind gerade von der mehrspurigen Hochstraße abgebogen, läuft eine Gruppe von vielleicht sieben, acht Männern auf unser Auto zu, jeder hat seinen Kopf unter der Maske eines Gorillas verborgen. Bis auf eine zerrissene Unterhose und ihre Kopfbedeckung sind die Männer nackt. Sie klopfen an das Fenster des Taxis und deuten auf die Stirn ihrer Affenköpfe, dort ist das Preisschild aufgeklebt.«

»Das haben Sie aber jetzt sehr schön erfunden«, sagt die schöne Frau in dem halblangen Schwarzen, noch bevor ich meine Geschichte zu ihrem zweiten Höhepunkt gebracht habe, »ich glaube Ihnen kein einziges Wort, aber Sie erzählen das wirklich sehr spannend.«

»Die Szene mit der Affenmaske habe ich schon einmal in einem Film gesehen«, sagt Ihre Freundin, »irgendeine deutsche Komödie, ich komm gleich auf den Titel, jedenfalls sehr komisch.«

Wer zu berichten versucht, wie er gleich mehrfach sein Leben aufs Spiel setzt, als er wenige Tage nach der Landung in Jakarta, nach einem weiteren abenteuerlichen Flug, sich südlich von Borneo einem irischen Schatzsucher anvertraut, der von einer verschwindend kleinen Barkasse, einem praktisch unter allen anderen Fischerbooten dieser Bucht unsichtbaren Gefährt, nach geheimnisvollen chinesischen Dschunken taucht und dabei von Piraten angegriffen wird, sollte sich beizeiten auf Argwohn einstellen. Vor diesem Argwohn retten übrigens auch keine Verweise auf Statistiken oder den Stand der Tauchtechnik.

»Das spielt doch keine Rolle!«, sagt folgerichtig die Freundin der halblang in Schwarz Gekleideten, als das Wort »Navigationssystem« fällt.

Meine starke Vermutung lautet, dass deutsche Zuhörer weniger dem Stoff der Mitteilung aus diesem fernen

Land misstrauen – es fliegen ja unablässig Landsleute nach Indonesien und gehen dort den sonderbarsten Geschäften nach –, Bedenken ruft hingegen hervor, wer die Geschichte einfach so erzählt, als verschaffte dieses Erzählen einer ungewöhnlichen Begebenheit ihm selbst noch Behagen. Glaubwürdiger ist allemal der wortkarge Zeuge des Geschehens, der sich weigert, das Erfahrene in packende Worte zu kleiden. Gewandtheit ruft nach Widerspruch.

»Eine Barkasse, die, wie Sie sagen, nicht größer war als die *African Queen* in dem Film damals mit Humphrey Bogart und Katherine Hepburn, der Missionarin? War auf einem solchen Boot neben der Besatzung auch für Sie Platz? Nehmen Sie das jetzt nicht persönlich, aber Sie sind ja eine von Ihrem Umfang her durchaus ins Gewicht fallende Erscheinung. Gut, der Malaie dort unten ist eher schlank und drahtig.«

Viele Begebenheiten des deutschen Alltags lassen sich naturgemäß leichter und mit weniger Unterbrechungen schildern als eine Schatzsuche südlich von Borneo. Obwohl Geschichten aus der Heimat, Szene für Szene nachgeprüft, oft weit weniger Plausibilität enthalten. Persönlich gefragt, würde ich zum Beispiel einer Erzählung misstrauen, in der ein bedeutender deutscher Philosoph am Starnberger See durch den Anblick eines bärtigen Rentners, der im Garten gegenüber seinem Büro buddhistische Übungen vollführt, zur Formulierung seiner Theorie des herrschaftsfreien

Diskurses gelangt. Aber wer steckt schon in einem Zuhörer.

»Der Fahrer bringt mich dann zu einem Tempel im
chinesischen Viertel«, fahre ich trotzig fort. »Die letzten
paar Hundert Meter gehen wir zu Fuß, mit dem Auto
ist da kein Durchkommen, ein unbeschreibliches Ge-
dränge, Geschiebe, Gerempel. Es riecht nach Abgasen,
nach verfaultem Obst und vom taoistischen Tempel her
nach Weihrauch, dazu ein beständiges Hupen, Klingeln,
natürlich auch Trommeln und mitten in dem Gewirr
friert die Szene plötzlich zu einem Standbild, verstehen
Sie, die Zeit wird angehalten. Vor einem Verkaufsstand
für Gemüse liegt ein junger Mann, daneben ein Moped. Ein anderer Mann übergießt den auf dem Boden
Liegenden mit Benzin aus einem Kanister. Mein Fahrer schubst mich in eine Nebengasse. Wir hören noch
einen furchtbaren Schrei und ein böses Zischen. Später im Auto erklärt er mir, dass man in Jakarta mit Mo-
peddieben kurzen Prozess mache, das sei wie früher im
Wilden Westen mit Pferdedieben. Nur würden die Täter in Indonesien nicht aufgehängt, sondern schnell mit
Benzin abgefackelt.«

»Jetzt machen Sie aber mal einen Punkt. Das haben
Sie in irgend so einem Schauerroman gelesen.«

Die skeptische Frau in dem halblangen Schwarzen
arbeitet übrigens als Ankäuferin von Filmstoffen für einen Privatsender des deutschen Fernsehens. Schon aus
Kostengründen sieht sie menschliches Drama lieber in

einem Studio in Köln angesiedelt. Innen, in Köln, vorzugsweise bei Tag, ohne Außendreh im Regen und mit lauter vertrauten Aufnahmen, in denen es auf den Dialog nicht ankommt. Bei so häufig wiederholten Bildern kann sich der Zuschauer den Dialog schließlich selber mitbringen. Geschichten, die in der Welt spielen, sind teuer und dürfen nur nacherzählt werden. Allerdings sollte die Phantasie des Publikums nicht überstrapaziert werden.

»Aber ich kann Ihnen ein echtes Kompliment machen: Wenn sie auch nicht ganz wahr ist, diese Szene in Jakarta mit dem Moped, haben Sie jedenfalls …«

Der Leser weiß, was nun folgt. »Gut erfunden« lautet das Ende des Zitates.

»… gut erfunden«, sagt daher die Frau in dem halblangen Schwarzen. Wenn es um Volkstümliches geht, ist Verlass auf die Mitarbeiter, die unser Fernsehen gestalten. Angenehm dagegen, dass die junge Dame nicht »Story« gesagt hat. Und jetzt sogar eine vorsichtige Frage stellt, die der Erzählung ein wenig Sauerstoff zuführt:

»Sie sind also nach Indonesien geflogen, weil Sie mit asiatischen Antiquitäten handeln?«

Hier hätte ich mich den dramaturgischen Regeln beugen müssen, die fordern, das Vertraute dem Unvertrauten vorauszuschicken. Jawohl, hätte ich sagen müssen, mein Kerngeschäft sind Antiquitäten aus Fernost: handgeschnitzte Ehebetten aus Rosenholz, Buddhas und andere Heilige des Hinduismus, Stupas für den Garten, tibetische Tankas für die Wände im Schlafzimmer. Eine meiner Stärken ist Feng-Shui, allerdings nur in der orthodoxen mongolischen Auslegung.

Stattdessen rede ich von tatsächlichen Details der Expedition. Ganz so, als wüsste ich nicht, dass die Kategorie der Wahrheit für eine Geschichte, um es mathematisch zu sagen, notwendig, doch keinesfalls hinreichend ist. Vielleicht auch hinreichend, doch keineswegs notwendig.

»Ich hatte mich mit einem irischen Schatzsucher in der letzten Septemberwoche des vergangenen Jahres in Jakarta verabredet. Er hatte vorgeschlagen, alle meine Kosten zu übernehmen, wenn ich ihn publizistisch beriete. Dafür wollte er mich auf eine Expedition mitnehmen und erzählen, was alles passiert, bis die kleine Statue aus der Tang-Zeit im Londoner Auktionshaus landet. So kam ich dann an Bord …«

»Ist das jetzt wieder eine Ihrer Geschichten?«, fragt der Gastgeber, der mit neuen Getränken aus der Küche zurückgekehrt ist. An seinem Gesichtsausdruck lässt sich eine heitere Toleranz ablesen, welche die Skepsis launig unter Kontrolle hält.

Vielleicht haben deutsche Zuhörer auf den Knien der Väter oder Großväter, die zu ihrem und der Welt Schaden abenteuerlichen politischen Zielen anhingen, diese Skepsis aufs Ohr gedrückt bekommen: Lass dir nichts erzählen, lass dich nicht an der Nase herumführen!

Als wäre es nicht gerade die Nase, der wir uns bei Geschichten wie im Leben anvertrauen müssen. Fragen Sie die großen Erzähler der Weltliteratur, erkundigen Sie sich bei Laurence Sterne, Nikolai Gogol oder Pinocchio. Und seien Sie gefälligst nicht so herablassend beim Zuhören.

Die Nudelsuppe

Es nützt eben so gut wie gar nichts, im Leben an einer bedeutenden Begegnung mit einer Lichtgestalt teilgenommen zu haben, wenn wir dieses Treffen nicht in eine Form der Erzählung fassen können, die uns und unseren Zuhörern dieses Erlebnis wie in einer kleinen, schmucken Monstranz festhält.

»Zweimal hat er geschlürft«, sagte meine Tante Martha ohne erkennbare Erregung, wenn sie sich an den Moment des größten Glücks ihrer Laufbahn erinnerte, »mehr ist davon nicht zu berichten. Es war der schönste Tag in meinem Leben.«

Schon das Wort »berichten« deutet darauf hin, dass Tante Martha hier einen Widerstand geschaltet hatte, um die Stärke des Stroms der Erzählung auf einem niedrigen Wert zu halten. Berichte siedeln in den kargeren Gebieten der Sprachkunst, im Kaufmännischen, der Welt der Justiz oder des Militärs. Oder eben in den Laboren der Forschung.

Meine Tante Martha, sollte ich hier nachtragen, ist in der Welt der exakten Naturwissenschaften groß gewor-

den. Ihre Eltern betrachteten diesen Verlauf anfangs mit
Sorge, später, da hatte Tante Martha die dreißig schon
überschritten, wohl mit Erleichterung. Das war der Beginn jener Zeit, als Frauen, die schwer »unter die Haube«
zu bringen waren, den Nachweis einer sinnvollen Exis-
tenz nicht mehr nur auf dem Gebiet einer ausschließlich
auf Fortpflanzung zielenden Fruchtbarkeit erbringen
konnten. Sehr lange liegt diese Zeit noch nicht zurück.

Alle Fotos, die der Unbill der nachfolgenden Jahre
getrotzt haben, zeigen meine Tante Martha als eine
Schönheit. Gustav Klimt hätte seinen Gefallen an ihr
gefunden, doch vielleicht war sie zu einer Zeit schön,
als niemand Gefallen an den Bildern von Gustav Klimt
fand. Und da wir gerade von Moden reden, sollte man
hier auch erwähnen, dass meine Tante an Kleidung und
Schmuck alle Objekte entschieden ablehnte, die zu Zeiten der Wiener Sezession für Aufsehen gesorgt hätten.
Oder in allen anderen Zeiten.

»Wir waren zu zweit«, berichtete meine Tante. »Er bestellte für sich eine Nudelsuppe, also habe ich dem Ober
gesagt, für mich bitte dasselbe.«

Nie sagte meine Tante, sich an die schönste Begegnung ihres Lebens erinnernd: »Wir waren allein«, oder:
»Wir waren *nur* zu zweit«, obwohl ein nicht unbeträcht-
licher Reiz dieses Zusammenseins gerade aus der Inti-
mität herrühren musste. Die für diesen Zusammenhang
so bedeutungsvollen Wörter »allein« oder »nur« wären
ihr womöglich als unangemessen romantisierende Hin-

zufügung vorgekommen, die in einem Bericht nichts verloren hatte.

Auch die Erwähnung des Schlürfens geschah nicht in der Absicht, der Schilderung den Zauber des Atmosphärischen zu schenken. Die Bemerkung hielt lediglich fest, was auch ein mechanisches Gerät, ein Phonometer etwa, festgehalten hätte.

»Professor Einstein war am Morgen beim Zahnarzt gewesen, deshalb nahm er bei Tisch nur Suppe.«

Nie hätte meine Tante den Nobelpreisträger anders genannt. Einstein wäre ihr zu unpräzise oder für ihre Stellung zu anbiedernd vorgekommen, Albert Einstein zu anmaßend.

»Da er beim Zahnarzt gewesen war, fiel ihm das Reden schwer. Ich trug vor, was mein Chef mir aufgetragen hatte. Professor Einstein hörte mir zu.«

Diesen letzten Satz gab meine Tante nur mit erkennbarer Zurückhaltung preis. Vermutlich fürchtete sie, dass die Vorstellung eines ausgerechnet ihr und in diesem Moment *nur* oder *allein* ihr zuhörenden, dabei eine Nudelsuppe auslöffelnden Albert Einstein die Welt der Physik aus ihrem Gefüge reißen könnte.

Mehr hat Tante Martha von diesem Treffen in Princeton nicht erzählt.

Kurz vor ihrem Tod habe ich sie gefragt, ob sie, wenn sie nur für sich in ihren Gedanken die Szene wieder aufleben ließ, noch andere Wahrnehmungen heraufbeschwor.

»Wie meinst du das mit heraufbeschwören?«

»Einstein küsst dir die Hand, als er dich begrüßt. Oder er schüttelt sie mit einem Griff, wie ihn nur ein virtuoser Geiger oder ein geübter Segler vollführt. Er hört dir zu und streicht sich dabei durch seine wilden grauen Locken. Sein Blick gleitet scheinbar absichtslos über die Rüschen deiner Bluse, er schreibt mit seinen schlanken Fingern eine Formel in die Luft …«

»Ich habe nie im Leben Blusen mit Rüschen getragen. Blusen mit Rüschen sind albern.«

»Vielleicht ist dir ja auch aufgefallen, wie Einstein gekleidet war, er soll ja nicht viel Wert auf sein äußeres Erscheinungsbild gelegt haben, oder wie er bei eurem Treffen gerochen hat …«

»Ich war nie Antisemit. Das weißt du. Und das ist nebenbei weit mehr, als man über viele andere Mitglieder unserer Familie sagen kann.«

»Und habt ihr über Nudeln geredet? Nudeln als Symbol vielleicht, in China gibt es Glücksnudeln, Nudeln der Unendlichkeit …«

»Wir haben über Quantenmechanik geredet, nicht über Nudeln. Wir haben Nudeln *gegessen*. Und dabei hat Professor Einstein zweimal geschlürft.«

Es gibt, das lehrt ein Blick auf die Weltreligionen, viele Wege zu einer persönlichen Erfahrung von Glück. Enthaltsamkeit gilt in aller Regel als guter Begleiter, denn die Enthaltsamen halten ihr Ziel fester als die Ausschweifenden. Man muss auch lernen, Schätze einfach unbeachtet liegenzulassen, Versuchungen gar nicht erst zu wittern.

Vielleicht war meine Tante Martha daher stets auf dem rechten, dem kargen Weg.

Das geschähe ihr recht.

Der stille Toast

Als ihn zu viele Zuhörer durch beharrliches, teils meckerndes, teils gestopftes Husten in seinem Spiel störten, unterbrach der große Alfred Brendel den Vortrag der Diabelli-Variationen mit dem Ausruf: »Alle Kunst erwächst aus der Stille!«

Man kann diesen Ausruf als Beispiel nehmen, wie eine kurze Botschaft das Publikum durch schlichte Aufklärung disziplinieren kann. Kaum ausgesprochen, erzielte dieser kurze Satz die vorzüglichste Wirkung auf das Bronchialgeschehen im Auditorium. Stille trat ein, und Kunst erwuchs, ein weiterer Sieg der Seele über den Leib war zu verzeichnen.

Diese knappen Bemerkungen vorausgeschickt, begeben wir uns flugs nach Osten, auf einen Regierungsbesuch, ein protokollarisches Mittagessen mit, sagen wir: einem deutschen Bundeskanzler und dessen Gefolge.

Ob der Kaiser von Japan, unser Gastgeber, seine Wertschätzung der Stille aus einer Zuneigung für die idealistische Philosophie des Westens oder das gewiss kaum weniger einfallsreiche, oft ins Schweigen mündende Gedankengebäude des Buddhismus abgeleitet hat, entzieht sich unserem Urteil. Gut möglich, dass der Tenno die Anregungen für sein Handeln aus den verschiedensten Traditionen bezieht. Japaner stehen im Ruf, ihre Liebe zu überkommenen Werten pragmatisch umsetzen zu können.

Auch die Anregungen zur Gestaltung des Mittagessens entstammen unterschiedlichen Traditionen. Es spielt in unserem Zusammenhang keine Rolle, darf aber erwähnt werden, dass die Speisenfolge japanischer Gastmahle nach Art der Zubereitung erfolgt, also folgt Gebratenes auf Gekochtes, Geschnittenes auf Gesottenes, Gekochtes auf Gerührtes oder umgekehrt. Für das Staatsbankett bedeutete dies einen nur schwer durchschaubaren Wechsel von, sagen wir, Sashimi über Schnitzel zu Tempura und von dort zurück zu Roulade und Misosuppe.

Nichteingeweihte verblüfft diese Komposition oft bis zur Hilflosigkeit. Verdrossen und hungrig halten sie dann in der Linken eine Gabel, in der Rechten ein Stäbchen und suchen unauffällig Rat beim Nachbarn. Erst beim Beifall wissen sie wieder, was sie mit ihren Händen anstellen sollen.

Keine Überraschung bereiten hingegen die Tischreden. Sie sind samt und sonders darauf angelegt, die Magen- oder Gallensäfte der Gäste nicht zu reizen, sparen mithin, um im Bild zu bleiben, an Würze. Man will keinen Berufsstand schmähen, doch es ist schwer zu widerlegen, dass die Arbeit eines Tischredenschreibers bei Staatsbesuchen zwar zu den unverzichtbaren, doch nicht unbedingt zu den intellektuell belastenden Tätigkeiten dieser Zunft gezählt werden kann.

Vielleicht wird auf die Ansprachen schon deswegen nicht verzichtet, weil sie Gastgeber und Gast in unregelmäßigen Abständen die Gelegenheit verschaffen, sich mit einem Getränk zu erheben und damit etwas Leben in ihre Peristaltik zu bringen. Vielleicht freut es die Speisenden auch, immer wieder versichert zu bekommen, dass ihre Kultur historisch weit zurückreicht und prächtig mit der jeweils anderen Kultur harmoniert. Vielleicht, wahrscheinlich sogar, rührt die Beliebtheit der Reden daher, dass endlich das noch langweiligere Gespräch mit dem Nachbarn unterbrochen werden kann. Fest steht auf jeden Fall: Die Funktion einer Tischrede geht über das Hervorbringen von mehr oder weniger gefälligen, stets aber harmlosen Dröhnlauten selten hinaus.

Kunst aber, haben wir anfangs von Alfred Brendel gelernt, alle Kunst erwächst aus der Stille.

Das weiß auch der Kaiser von Japan und lässt daher bei Staatsbanketten stets einen Punkt in das Programm aufnehmen, der »Stiller Toast« heißt.

Auf Japanisch würde man »sailentu Toastu« sagen. Aber da wir uns bei Hofe befinden, wo alles ganz anders und viel besser klingt, nennt das kaiserliche Protokoll diese Etappe des Gastmahls »osailentu Otoastu«.

Viel wichtiger als die Übersetzung ist aber, dass auf dem Höhepunkt der Veranstaltung eine Ansprache nicht gehalten, sondern geschwiegen wird. Einfach geschwiegen. Der Kaiser greift nach seinem Glas, erhebt sich, alle Gäste folgen seinem Beispiel und blicken einander stumm in die Augen. Die Gläser werden geleert, die Anwesenden blicken einander erneut in die Augen, die Stille hält an.

Intelligenter, bewegender, ja auch witziger kann eine offizielle Rede nicht sein. Man wird sie noch Kindern und Kindeskindern weitererzählen, und niemand wird je ihre Botschaft verfälschen können.

Sahnegeschnetzeltes

Der frisch in sein Amt berufene chinesische Kollege des deutschen Ministers war angereist, um sich vorzustellen und möglichst bündig zu erfahren, was die eine, mithin die deutsche Seite über die Probleme denkt, welche die andere, also die chinesische Seite im auswärtigen Geschehen bewegen – und selbstverständlich umgekehrt. Es gibt auf Erden so viele wichtige Außenminister, wie es wichtige Staaten gibt, recht besehen sogar mehr. Außenminister neigen dazu, ihre Amtzeiten biologisch zu definieren. Für das stets neutrale Protokoll, nicht nur in Berlin, ist ihre Zahl daher praktisch unendlich. Zeit wird zu einem kostbaren Gut, auch die öffentlichen Mahlzeiten werden zu kurzen öffentlichen Mahlzeiten. Ein hauseigenes Kasino leistet hier Titanenarbeit.

Für Besucher aus der Volksrepublik China galt damals die diplomatische Faustregel, ein Gericht in möglichst denaturierter Form zu präsentieren. Vom Kalb nicht die ganze Haxe, die Gans entbeint, der Fisch tranchiert, das Rohe sozusagen in seine intimen Bestandteile zerlegt, klassisch stäbchengerecht sozusagen, um dem Gast aus dem Fernen Osten das vermeintlich Fremde so zuzuführen, dass er erst Tage später merkt, was seinem Magen zugefügt wurde.

Ich tappe jetzt nicht in die Falle, das Kulinarische zum Thema zu machen, muss aber den Hinweis anbringen, dass in jener Zeit im Kasino das Gericht »Zürcher Sahnegeschnetzeltes« zu den sogenannten Rennern bei der Verköstigung asiatischer Staatsgäste zählte. Stärker denaturiert kann man ein Kälbchen auch in Peking, Pjöngjang oder Tokio nicht auf den Teller legen. Außerdem befolgt die Zubereitung gerade dieses Menüs nachgerade peinlich das Gebot der Zeitknappheit, mehr als 25 Minuten sollte die Pfanne nicht in Bewegung – oder erhitztem Stillstand – sein, also:

»Fangen wir doch einfach an«, sagt der deutsche Minister und greift nach Messer und Gabel.

»Fangen wir an«, übersetzt der chinesische Dolmetscher seinem Außenminister.

»Fangen wir an«, sagte mein Nachbar aus Schanghai, ein junger Mann, der mir vom Protokoll als Experte für Fragen der Proliferation von Nuklearwaffen vorgestellt wurde. Ich glaube, er hieß Wang, war mir aber unsicher, weil die kleine, sehr schwungvoll kalligraphierte Tischkarte von seiner Serviette verdeckt war und er einen Dialekt sprach, der mich schon bei einem so einfachen Namen wie Wang in Schwierigkeiten brachte. Ich weiß, es ist kleinlich, doch es half meinem Selbstvertrauen, dass ich mir vorstellte, mein chinesischer Nachbar müsse auf Deutsch den Satz »Ich bin Experte für Fragen der Proliferation von Nuklearwaffen« aussprechen.

»Was uns in diesem Land, naturgemäß aber auch unsere Freunde weltweit ein wenig beunruhigt, ist das Programm der Nordkoreaner, ihre eigenen Atomwaffen zu entwickeln«, sagte der deutsche Außenminister und griff mit der Gabel nach dem Sahnegeschnetzelten.

»Er sagt, es beunruhigt den deutschen Außenminister, dass die Demokratische Republik Korea eigene Atomwaffen entwickelt«, sagte der Übersetzer.

Der chinesische Außenminister griff seinerseits mit der hellglitzernden Gabel nach dem Sahnegeschnetzelten und erwiderte:

»Wir teilen Ihre Sorgen und die Ihrer Regierung, die Sorgen der Bundesrepublik Deutschland und ihrer Freunde, sind aber sicher, dass es dafür keinen Grund gibt. Wir haben volles Vertrauen in unsere Freunde und unsere Informanten.«

Dann führte er das Kalbfleisch zum Mund, leider ohne zu bemerken, dass es beim Verzehr von Sahnegeschnetzeltem zu flüchtigen Spritzern kommen kann, deren Verlauf aerodynamisch mit dem Flugverhalten von Saucentropfen erklärt werden muss, die nur eine kurzfristige Verbindung mit einem unlängst geschlachteten Kälbchen eingegangen sind.

In der Volksrepublik China wird niemand Außenminister, der nicht zuvor in die Abgründe der Aerodynamik eingeweiht wurde. Das gilt jedenfalls für die Zeit nach der Großen Proletarischen Kulturrevolution, half aber in dem Moment nicht, weil dem Diplomaten die politische Aussage wichtiger war als das Geschehen auf der Hautoberfläche seines Gesichtes.

»Ich kann Ihnen versichern, dass Ihre Sorgen ohne Grundlage sind«, erklärte der chinesische Außenminister.

»Keine Grundlagen für Sorgen«, übersetzte sein Sprecher.

Der deutsche Außenminister nickte und lächelte, nahm aber plötzlich die aufgespritzte Veränderung auf dem Epithel seines Gegenübers wahr. Diplomat, der er geworden war, hütete er sich vor dem direkten Kommentar. Sagte also nicht:

»Herr Kollege, Sie haben da kleine, leicht braune Spritzer von Ihrer Sauce auf der Stirn und auf den Wangen.«

Er hob stattdessen zehn ausgestreckte, jeder auf einen diskreten Punkt zeigende Finger vor das eigene Gesicht, um höflich anzudeuten: Hier liegt eine temporäre Unordnung im göttlichen Schöpfungsplan des menschlichen Antlitzes, konkret im Antlitz eines Außenministers vor, mit dem ich gerade über einen Schurkenstaat rede.

Der neue chinesische Außenminister verstand die Geste diplomatisch korrekt, mithin ein wenig falsch und deutete seinerseits mit zehn ausgestreckten Fingern auf sein Gesicht. Er dachte, es ginge um Weltpolitik, Atomwaffen, unberechenbare Koreaner, nicht um die unbeabsichtigten Folgen des Zuführens von Sahnegeschnetzeltem.

An dieser Stelle sollte ich auf das Thema »Übersprungshandlung« eingehen. Wenn zwei Hähne, behauptet die Verhaltensforschung, zum Kampf bereit sind, doch nicht wissen, ob sie einander angreifen sollen, flüchten sie sich oft in scheinbar bedeutungslose Gesten, picken nach nicht vorhandenem Futter, scharren absichtslos oder schütteln den Kamm. Allerdings wirkt das nicht so sonderbar wie zwei Männer, die mit ausgestreckten Fingern auf ihr Gesicht deuten.

»Keine Grundlagen für Sorgen«, sagte der chinesische Außenminister noch einmal und zog die zehn Finger vom Gesicht zurück, »keine Sorge auf Erden«, was ins Deutsche zu übertragen seinem Dolmetscher nicht besonders schwerfiel. Dem möglichen Konflikt war die Spitze genommen.

Dass es beim Essen dennoch zu einem kleinen Missverständnis kam, habe ich nur mir selbst zuzuschreiben, genauer meinem Bildungsdünkel. Wir redeten also über Atombomben, und der Nachbar flüsterte mir einen Satz ins Ohr, von dem ich nur das Wort »Papier« eindeutig verstand. Der Mann kam, wie gesagt, aus Schanghai und gab sich keine Mühe, seinen Dialekt zu verbergen.

Nun kennt jeder Sinologe den berühmten Ausspruch von Mao Zedong aus dem Jahre 1964, in dem der Anführer der KP Chinas die amerikanische Atombombe als einen »Papiertiger« bezeichnete.

Konnte mein Nachbar davon geredet haben?

»Wann sind Sie zur Schule gegangen?«, fragte ich vorsichtig. »Nicht viele Angehörige Ihrer Generation kennen sich noch so gut mit den Worten des Vorsitzenden Mao aus.«

Mein Nachbar schenkte mir einen Blick, in dem ich fast so etwas wie Alarm zu lesen glaubte.

Er wiederholte den Satz, den er in mein Ohr geflüstert hatte.

»Herr Wang meint«, rief der Dolmetscher, der offenbar auch geflüsterte Botschaften im Dialekt von Schanghai verstehen konnte, »Herr Wang fragt, ob es für den Herrn Minister vielleicht eine Papierserviette gibt.«

Um diese Geschichte, in der viel Dramatik liegt, kunstvoll zu erzählen, bedarf es unbedingt eines schlichten Anlasses. Denn wie immer in folgenschweren Gesprächen geht es um Zeichen, die vielleicht richtig, vielleicht falsch gedeutet werden, am besten wirken sie, wenn sie in schlichten Farben aufgetragen werden.

Bilderrätsel

Man muss nur achtgeben, dass beim Erzählen eines den Zuhörer fesselnden Erlebnisses der geschilderte Vorgang nicht zu nahe an einem Sprachbild liegt. Wem diese Forderung zu technisch oder abgehoben vorkommt, lerne aus dem nachfolgenden Fall.

Zugetragen hat sich die Geschichte vor wenigen Jahren im Hause eines Mannes, dessen Vater sich einen ehrenhaften Namen im Widerstand gegen Adolf Hitler gemacht hatte und dafür entsprechend grausam bestraft worden war. Der Sohn, heute ein vermögender Mann, hält ein gastfreies Haus, Künstler verkehren hier, Kapitäne der Wirtschaft und auch bedeutende Intellektuelle, wie ebenjener Historiker, dessen akademischer Ruf fest an seine Arbeiten über den früheren Führer und Reichskanzler und einen seiner Hauptschergen geknüpft ist.

Das Gespräch am Kamin unseres Gastgebers geht an jenem Abend über den Hodensack von Adolf Hitler. Recht besehen, geht es nur um einen Teil, dazu noch einen fehlenden Teil der Keimdrüse jenes Mannes, dessen Leiche sowjetische Soldaten Anfang Mai 1945 im Eifer des Gefechts für kurze Zeit wohl mit einem anderen Opfer verwechselten.

»Die ersten pathologischen Befunde über die Wunde waren wohl mit einer zu heißen Nadel genäht«, erklärt der bedeutende Historiker. Ein Sprachbild, das angesichts der heiklen Materie für einen sonst so stilsicheren Gelehrten ein wenig ungewöhnlich wirkt.

Der Historiker hat zuvor sehr ausführlich, dabei eher akademisch trocken über den Stand der Forschung referiert, hat vorgetragen, was andere forensische Gutachter in damals neu erschlossenen, als »vertraulich« oder »streng geheim« klassifizierten Dokumenten niedergelegt haben. Es befinden sich Damen in der Runde, auch daher zweigt die Tonlage des Erzählers nie in den Bereich des Schlüpfrigen ab. Allerdings schickt der Gelehrte der einen oder anderen anekdotischen Zuspitzung seiner Rede ein diabolisch mokantes Lächeln hinterher, das allenfalls eine Bogensekunde zu nachdrücklich um seine so weiten wie schmalen Lippen spielt.

»Hitlers Leibarzt hätte uns in den, auch nach dem Urteil der Spruchkammer einwandfrei dokumentierten, Aufzeichnungen nicht im Ungewissen gelassen, wenn sich das Organ in einem, sagen wir unglücklich entstellten Zustand befunden hätte.«

»Doch wie konnte es dann zu der Verwechselung kommen«, will der Gastgeber wissen, »die Rote Armee wird doch eigene Dossiers über den medizinischen Zustand ihres größten Widersachers angelegt haben.«

Der Historiker lächelt, als habe er genau auf diese Frage gewartet. »Der Spatz in der Hand ist besser als die Taube auf dem Dach«, sagt er, erneut zu einem Bild greifend, das, auf das konkrete Objekt bezogen, stimmiger, zumindest taktvoller hätte ausfallen können. »Von einer Verwechslung im strengen Wortsinn kann man ja auch gar nicht reden, das, wenn ich das so ausdrücken darf, Corpus Delicti hatte sich ja gar nicht von seinem Tatort entfernt.«

Gut möglich, dass diese ungewöhnliche Häufung von befremdlich formulierten Erklärungen die Zuhörer zu einer spontanen Trotzhaltung bewegte.

»Aber Hitlers linker Hoden schwamm doch immer in der kleinen Phiole, die auf Omis Sekretär stand«, rief folgerichtig eine Urenkelin von Richard Wagner. Diese Urenkelin hatte schon zuvor Zeichen des gelangweilten Unmuts von sich gegeben, jetzt war der Geduldsfaden gerissen. Die Familie Wagner kennt Langmut meist nur beim Zuhören von Opern des Ahnen.

Es gibt Traumkombinationen von Wörtern, die, kaum ausgesprochen, die Macht eines unbezwingbaren genetischen Codes erlangen. Die einzelnen Elemente »Hitler« und »Hoden«, in Zusammenhang gebracht mit der aus Goethes »Faust« noch im Gedächtnis haftenden »Phiole«, führen vom Schrecklichen direkt ins Obszöne. Sie werden zudem durch jene alchemistische »Phiole« sakralisiert und uns dann aber dank der Koseform »Omi« menschlich nähergebracht. Die sich anschließende Erwähnung eines »Sekretärs« führt uns in eine vielleicht doch verlässliche Welt des geordneten Alltags, Sekretäre, selbst wenn es nicht um Möbel geht, stehen seit Eckermann für Respektabilität.

»Omi hat jedes Jahr vor dem 20. April immer einen kleinen Topf mit Usambaraveilchen neben die Phiole gestellt. Hitler hasste ja Schnittblumen.«

Winifred Wagner, hier schon wieder »Omi« genannt, ist als Zeitzeugin wie eine Emanation aus dem Kamin unseres Gastgebers direkt an den Platz des Vortragenden gedrungen. Von dort wird er sie nur schwer vertreiben können. Kein Wunder, dass es dem berühmten Historiker die Sprache verschlägt.

»Das haben mir Ihre Geschwister immer verschwiegen«, sagt er, bevor er mit dem Hinweis darum bittet, ihn kurz zu entschuldigen, er müsse die neue Erkenntnis gleich schriftlich fixieren.

»Ihr könnt es euch nicht vorstellen«, erzählte die Urenkelin ein paar Wochen später im Salon einer bekannten Publizistin, »unser Historiker hat das alles widerstandslos geschluckt, die Geschichte mit Winifred und dem Usambaraveilchen und naturgemäß auch der Phiole auf dem Sekretär.«

Die bekannte Publizistin, hier kommen wir auf unsere anfängliche Warnung zurück, sprachliche Metaphern nicht zu nahe an den Gegenständen der Erzählung zu siedeln, die Herrin des Salons also, war einen Moment abgelenkt, weil sie sich um das Nachschenken der Getränke und die Begrüßung neuer Gäste kümmern musste. Nur ein kleiner Teil ihres Ohres konnte sich auf die Erzählung der Urenkelin konzentrieren.

»Er hat tat-säch-lich die Phiole mit Hitlers ... geschluckt?«, rief sie, als sie mit Nachschenken und Begrüßen fertig war. »Nein, das ist ja wirklich unfassbar.«

So war die Geschichte eigentlich nicht angelegt, doch im Nacherzählen wird sie damit nicht unbedingt schlechter. Jean Paul hat einmal angeregt, auch aus Disteln Honig zu saugen. Etwa so sollte man sich den Vorgang vergegenwärtigen, und wer weiß, vielleicht hätte sogar Omi ihre Freude daran gehabt.

Wie ihm der Schnabel gewachsen

Fort mit dir, hinweg mit dir,
teuflisches Blendwerk!
Aus einer kleinrussischen Komödie

In der Öffentlichkeit reden die wenigsten Politiker, wie ihnen der Schnabel gewachsen ist. Das ist in aller Regel auch gut so, denn öffentliche Reden sind Bloßstellungen. Mikrofone, Kameras, Notizbücher dokumentieren mit wenig Rücksicht auf mögliche Verluste, und nicht jeder Schnabel ist ein Vorzeigeexemplar.

Das Wort »Schnabel« hängt entwicklungsgeschichtlich eng mit dem Wort »schnappen« zusammen. Auch der gefürchtete Schnapphahn treibt sich in diesem Bedeutungsfeld herum, ebenso das sagenumwobene Schnabeltier. Dieses Geschöpf, ein nachtaktiver Einzelgänger, der ohne Zitzen säugen kann und im Kampf mit Rivalen Gift verspritzt, beklagen alte Lehrbücher noch als »Unfall der Evolution«.

Damit zu den Schreibern der öffentlichen Reden unserer Politiker.

Der Genuss von Politikerreden ist ja keineswegs eine angeborene, allenfalls eine mühsam erworbene Fähigkeit. Doch dafür allein die Schreiber verantwortlich zu machen wäre unbillig. Es sind schließlich ihre Auftraggeber, die fahrlässig glauben, Charisma käme zwangsläufig dadurch zustande, dass ein Politiker laut und schlicht und mit vielen Wiederholungen redet. Oder feierlich und ganz besonders schlicht, wie es um Festtage der Brauch ist.

Naturgemäß würde der nachtaktive Redenschreiber lieber Gift verspritzen, doch an diesen Tagen werden andere Kollegen für das zitzenlose Säugen honoriert.

»Vergiss es«, sagt mein Freund P., der zu düsteren Gedanken neigt, seit er Jahr für Jahr Reden über die innere Sicherheit formulieren muss, »vergiss es einfach, da war wieder einer von der Volksmusik am Werk. Oder ein Firmensprecher.«

Viele Redenschreiber reklamieren für sich eine Spezialbegabung. P. galt schon vor seiner Zeit in der Sicherheitspolitik als Virtuose der dunklen Töne. Er hat lange an einer Dissertation über Edgar Allan Poe gearbeitet, sie allerdings nicht zum Abschluss gebracht. Zum Düsteren hat er ein gebrochenes Verhältnis. Aber wenn in einer Rede, egal ob im Zusammenhang mit Wirtschafts-, Verkehrs- oder Verteidigungspolitik, das Bild eines »alles ins Verderben reißenden Mahlstroms« auftaucht, kann man sicher sein, dass P. hier seine Marke gesetzt hat.

»Klingt einfach gut«, sagt P., »steht zwar nicht im Fremdwörterbuch, keiner weiß, dass es Norwegisch ist, aber gefährliches Wasser wirkt immer. Wenn sie dich lassen.«

Das ominöse »sie« steht für die Chefs auf allen Ebenen der Hierarchie. Ein Gebot der Herrschaftstechnik befiehlt, jeden Entwurf einer Rede zunächst wieder angewidert an seinen Urheber zurückzuschicken. Nachdem sich der Vorgang ein Dutzend Mal wiederholt hat, kommt meist die Ursprungsfassung zum Zuge. In diesem Vorgang verbirgt sich durchaus eine Logik, die mit Rhetorik direkt allerdings wenig zu schaffen hat.

»Kissinger schickte jede Version zwei Dutzend Mal zurück«, erzählt P.s Kollege F., der sich zu uns gesellt hat. »Bei manchen machte das leider Schule. Aber mit den modernen Rechnern ist es ja kein Problem. Das Zauberwort heißt Textbaustein. Geht für Gespräche, geht für Reden.«

Wir sitzen in der Cafeteria eines Parlamentsgebäudes, mehrere Monitore übertragen die Debatte, die gerade im Plenum ausgetragen wird. Die beiden Redenschreiber nippen an einem Kaffee und verfolgen ihre Schützlinge mit jener Mischung aus Stolz und Sorge, die Eislaufmütter ihren Töchtern entgegenbringen.

»Die ersten elf, zwölf Sätze waren original von mir.«

»Bei der Passage über Kant hat er voll am Text geklebt, den nächsten Absatz hat er eher so dahingefummelt.«

»Ich habe ihm Peter Zadek hineingeschrieben, und er nimmt ausgerechnet Rudi Völler.«

»Deinen Mahlstrom hat er diesmal ganz rausgelassen.«

Klingt das nach heimlichem Triumph? Kollege F. gesteht, dass ihm Wassermetaphern, »überhaupt der neumodische nautische Kram« nicht liegen. »In den Wind gestellt« sei so ein neuer Ausdruck aus dem Finanzministerium, genauso wie »gerade zu Wasser gelassen«.

»Wenn aber dein Chef – wie unser alter Abteilungsleiter – aus dem Bayerischen Wald kommt, dann klingt das aus seinem Mund doch voll daneben. Sturmflut passt nicht in die dortige Mundart, allenfalls Überschwemmung, feste Stiefel oder Trockenlegen.«

»Metaphern und Zitate sollten überhaupt nur auf Rezept geliefert werden. Erinnerst du dich an den Staatssekretär?«

Jeder erinnert sich an den Staatssekretär: den launigen Kerl, der vor einer chinesischen Delegation über »Hilfe durch Selbsthilfe« redete und sich gegen Ende, elegant abweichend von dem Manuskript, zu der witzigen Schlusspointe verstieg: »Sie sehen, meine Damen und Herren, die Axt im Hause nutzt Ihnen nur, wenn der Zimmermann nicht in die Grube gefallen ist, die er sich gegraben hat.«

Der Dolmetscher war daraufhin sichtbar blass geworden. Chinesisch ist eine reiche Sprache, doch nicht reich genug, um verballhornten deutschen Sprüchen Gerechtigkeit widerfahren zu lassen. Also hatte der Dolmetscher gesagt: »Der Herr Staatssekretär fasst hier mit einem bekannten deutschen Witz das Problem zusammen.«

Darüber hatten die chinesischen Gäste herzlich gelacht, denn sie beherrschten die angemessene Reaktion auf die Nachricht, dass ein deutscher Staatssekretär gerade einen bekannten deutschen Witz gemacht hat.

Die Monitore in der Cafeteria übertragen längst keine Ansprachen mehr, die Redenschreiber trinken seit geraumer Zeit Grappa und spekulieren über ihre Zukunft. Es sind keine glücklichen Aussichten.

»Das Profane wird weiter an Bedeutung gewinnen, so viel steht fest«, sagt F., dessen Schwermut durch die Schnäpse einen deutlichen Schub erhalten hat. »Der Redner von morgen will nur noch komische Brüller. Letzten Sonntag war ich seit vielen Jahren einmal wieder beim Gottesdienst, ihr könnt euch nicht vorstellen, wie heutzutage gepredigt wird. Und diese Gebete! Kein Wunder, dass die Vernünftigen sich wieder nach dem Latein sehnen. Wenn ich diese Texte geschrieben hätte, ich wäre vor Scham sofort im Beichtstuhl verschwunden.«

»Ich habe noch Fastenpredigten entworfen«, erinnert sich P., »damals, als ich für die Erzdiözese arbeitete. Strikt nur Gleichnisse und keine billigen Metaphern. Das waren Zeiten. Der Monsignore hatte eine hohe Stimme und erlaubte sich kaum Tonschwankungen. Eine Rede wie gregorianischer Gesang. Ein Wunder der Konzentration.«

Die beiden Männer greifen nach ihren Gläsern und schweigen eine Weile versonnen.

»Recht besehen, sind wir Frühaufklärer«, sagt schließlich F., »Frühaufklärer, wie dieser deutsche Dichter, über den du promovieren wolltest, damals in Heidelberg. Wie heißt er noch?«

P. setzt vorsichtig sein Glas ab. »Schnabel«, antwortet er, »Gotthold Ephraim Schnabel.«

So schließt sich ein Kreis.

Der richtige Ton

Als ich noch in Tokio studierte, konnte man im Sommer bei geöffneten Fenstern in der Nationalbibliothek bisweilen die ungestümen Schreie einer Einheit der kaiserlichen Garde hören. Deutlicher gesagt: Die Männer brüllten wie am Spieß. Diese Schutztruppe exerzierte nicht weit entfernt von den Archiven des Palastes, und ein Teil der Übungen bestand wohl im Ausstoßen eines bestimmten Lautes, der nur durch eine über viele Jahre geübte, anatomische Umgestaltung, möglicherweise Verknappung des Kehlkopfes, hervorgebracht werden konnte. Für Freunde des Operngesangs würde ich die Tonhöhe zwischen einem vierfach gestrichenen As und H einordnen. Allerdings darf der Leser bei dieser Bestimmung keineswegs an Belcanto denken. Es handelte sich schließlich nicht um Tenöre, sondern um junge, zu allem entschlossene Kämpfer. Die Soldaten übten ihre Schreie unter dichtem Laubwerk, sie waren unseren Blicken entzogen, doch nicht unseren Ohren.

Alle bedeutenden Bibliotheken dieser Erde verbreiten ein untergründig mildes, hauchzart die Schläfrigkeit stimulierendes Gefühl, welches paradoxerweise auch den Eros anspricht. Andererseits müssen Neugier und Sinnlichkeit im menschlichen Hirn ja auf engem Raum miteinander ihr nervöses Auskommen finden. Vielleicht liegt dort ein Grund. Es ist ja nicht auszuschließen, dass bereits das schiere Nebeneinander so vieler brillant gedachter und auch schriftlich festgehaltener Gedanken mit der formlosen Erinnerung an Gefühle jenen Zustand der passiven geistigen Opulenz auslöst, der uns träge und leider auch wehrlos gegenüber anderen Einflüsterungen macht.

In dieser Bibliothek in Tokio begegnete damals eine verständnisvolle Verwaltung diesen Versuchungen mit einem so wirkungsvollen wie bezaubernden Gegengift: In unregelmäßigen, zeitlich jedenfalls nicht vorauszuberechnenden Intervallen schwärmte eine Gruppe junger, in der traditionellen Tracht des Landes gekleideter Damen in den Lesesaal. Sie servierten auf schwarzen Lacktabletts und in einfach gestalteten Bechern aus Ton grünen Tee, dessen kaum wahrnehmbarer Duft sich nur zögerlich entfaltete.

»Wir verstehen euch«, sprach das gleichsam knospende Aroma des grünen Tees. »Vielleicht später«, flüsterten die anmutigen Gesten der jungen Damen. »Nachdenken heißt Entbehren«, seufzte das Knistern ihrer seidenen Gewänder. »Wir leiden mit euch, doch jetzt haltet wieder Zwiesprache mit dem anderen Teil des Gehirns, mit den Büchern, mit den rätselhaften Manuskripten, mit eurer Neugier. Von der Kunst unserer Konversation könnt ihr nur lernen.«

Oder so ähnlich.

Jedenfalls beugte ich mich mit frischem Willen über die Zeilen eines mir nur in dieser Bibliothek zugänglichen Manuskriptes, in dem beschrieben wurde, wie ein Mönch aus Bhod Gaya, ein Redner, der noch »mit seinen Augenbrauen ein falsches Wort zurückschleudern« konnte, wie dieser Mönch sein Ziel an der Küste des südlichen Japan entweder »nie erreicht« oder »endlich verlassen« hatte. Kenner des Japanischen wissen um die leichte Möglichkeit einer Fehldeutung dieser Ausdrücke. Für die Interpretation der Passage war aber Präzision von größtem Gewicht. Ich massierte also meine Schläfen, als plötzlich der einfach gestaltete Becher auf dem Pult begann, einen wunderlichen Tanz aufzuführen, bei welchem der Tee einen wilden Satz vollführte, der die so wichtige philologische Unterscheidung zwischen »nie erreicht« und »endlich verlassen« schlicht in Flüssigkeit aufzulösen drohte.

Dem Tanz vorausgegangen war ein schriller Schrei der Soldateska auf dem kaiserlichen Exerziergelände. Unsere Fenster standen offen.

»Es ist bedauerlich und kommt nur ganz selten vor, dass die Garde den falschen, ich meine, einen der vier falschen Töne trifft«, sagte die junge Dame, die mir den Tee gebracht hatte und jetzt dessen Spuren auf dem Manuskript abtupfte. »Mein Bruder hat dort gedient«, fügte sie wie zur Entschuldigung hinzu. »Sind Sie zum ersten Mal hier?«

Sie hieß Toshiko, wie ich später erfuhr, studierte Maschinenbau und übte das Amt der Tee ausschenkenden Fee in der Bibliothek nur aus, weil sie so freien Zugang zu den damals noch neuen Kopieranlagen im Archiv erhielt.

Als ich sie nach den vier falschen Tönen der kaiserlichen Leibgarde fragte, lächelte sie nur, hielt sich dabei vorschriftsmäßig die Hand vor den Mund und schwieg. Für eine Studentin des Maschinenbaus wirkte diese Hand überaus zart.

Zehn Jahre später traf ich Toshiko in Hamburg wieder. Diesmal brachte ich ihr das Getränk, denn sie war Gast in einem Studio des Fernsehens, eingeladen, um in einer Runde von mehr oder weniger Prominenten ihre Meinung über eine mehr oder weniger wichtige Frage zu äußern.

Der Anlass liegt jetzt einige Zeit zurück, doch schon damals äußerte man in einer Talkshow keine Meinung, man bat vielmehr lautstark darum, »einen Gedanken zu Ende bringen zu dürfen«. Ich war damals Assistent des Ablaufregisseurs, eine eher zur Demut anhaltende Position. Vielleicht erheiterte mich deshalb die Vorstellung einer männlichen Fernsehberühmtheit, die sich vor der Fahrt ins Studio einen noch rohen, später »zu Ende bringen zu dürfenden« Gedanken einwickeln lässt, diesen dann im warmen Licht der Scheinwerfer zur Entfaltung und dann mit etwas Glück zum Abschluss bringt, worauf der Gedanke nach der Sendung vom Reinigungspersonal eingepackt oder davongekehrt werden kann. Er hat ja seine Dienste geleistet.

An diesem Abend hatte sich der Veranstalter zwei Fernsehberühmtheiten eingeladen, dazu ein Opfer, das natürlich nicht zu Wort kam, was der Ablaufregisseur sehr begrüßte, weil das Reden von Opfern häufig unberechenbar ist – und eben Toshiko, die eine schöne Frau war und die offenbar den Maschinenbau durch eine Karriere als Sprachtrainerin für hohe und höchste Vorstände ersetzt hatte. Die Zeitung, in der ich über diese neue Karriere gelesen hatte, berichtete, Toshiko lehre die »Kunst des Weglassens«, bekanntlich ein altes Ideal der japanischen Ästhetik als Mittel der Rhetorik.

»Auch Schweigen ist ein Ton«, war einer der Aussprüche, die das Blatt zitierte. Gerade deutsche Unternehmer, hieß es an anderer Stelle, hätten sich für diese neue Form der Kommunikation begeistert.

So unterschiedlich seien die Berufe des Maschinenbauers und des Sprachmeisters recht besehen nicht, erklärte Toshiko mir einen Tag später. Man dürfe sich nur nicht von Einzelheiten behelligen lassen. Sie trug immer noch ein Gewand, das unverdrossen, doch nicht aufdringlich an Japan erinnerte, das anregend raschelte und die Aufmerksamkeit des Betrachters immer noch davon ablenkte, ob gewisse buddhistische Mönche ihr Ziel entweder »nie erreichen« konnten oder bereits »längst verlassen« hatten.

Aber wo hatte Toshiko Deutsch gelernt?

»Ich habe es nie lernen müssen, es wurde mir immer vorgeführt. Wie gestern in diesem Fernsehstudio.«

Ich begriff sofort, was sie meinte. Die beiden Prominenten hatten sich das geliefert, was man rein formal wohl als heftiges Rededuell bezeichnen könnte:

»Vorhin habe ich Sie doch auch ausreden lassen, jetzt …«

»Aber Sie haben mich doch gar nicht ausreden …«

»Lassen Sie mich gefälligst nur diesen Satz …«

»Gleich sind Sie ja dran, Sie können dann von mir aus so lange reden, wie Sie wollen, aber jetzt muss ich …«

»Deswegen müssen Sie ja nicht gleich so laut …«

»Wenn Sie mich ausreden lassen, können Sie so laut …«

Wenn das eine Unterhaltung auf Deutsch sein sollte, hätte sie selbst den zaghaften Anforderungen unserer Sportredaktion nicht genügt, der die Frage »Wie fühlen Sie sich jetzt?« als der Höhepunkt des investigativen Journalismus gilt und bei der ich mir nie ganz sicher bin, ob es sich nicht um eine Zelle von verkappten Zen-Buddhisten handelt, die allein in der ständigen Wiederholung einfachster Sätze den Weg zum Heil suchen.

Ich erzählte Toshiko von meinem chinesischen Freund Ge Mingyi, der sein Deutsch in Bonn beim Betrachten des Werbefernsehens gelernt hatte und daher auf die Frage »Wie geht's?« zu antworten pflegte: »Keine Sorge, Volksfürsorge.«

Da Werbung und Talkshows auf dem Bildschirm zu einer neuen *musica mundana*, einer auf dem ganzen Globus zu beobachtenden Konstellation von Tönen geworden sind, in der sich die plattesten Aussagen wie Planeten gegenseitig in ihrer Bahn stabilisieren, spielt es in der Tat keine Rolle, in welcher Nationalsprache die jeweilige Veranstaltung abgehalten wird. Ein Reisender, der in irgendeinem Hotel dieser Erde den Fernsehapparat einstellt und in eine Talkshow gerät, kommt bei der Deutung des Geschehens ganz ohne linguistische Vorkenntnisse aus. Das Auge isst bei diesem Gelage nicht nur mit, das Auge darf die ganze Platte leerputzen.

»Es sind keine Töne im Sinne einer *musica mundana*«, sagte Toshiko, »jedenfalls nicht, wenn du an Johannes Kepler denkst. Nenne diese Laute auch bitte nicht Töne. Es sind ganz einfach Jingles, hässliche Blasen im Schweif eines bösen Kometen.«

Das Bild gefiel mir, es mischte aufgeklärte Kulturkritik mit unaufgeregter Apokalypse und wahrte – bei allem Beschwören kosmologischen Zaubers – doch jenen Abstand zu esoterischem Geraune, der uns das Fortführen eines anregenden Gesprächs gestattete.

Toshikos Hände, das fiel mir bei dieser Gelegenheit schnell auf, wirkten übrigens noch genauso zart wie damals, als sie in Tokio Maschinenbau studiert hatte, es waren die Hände einer Dirigentin, und es gefiel mir auch, dass sie keinen Ring trug. Vom Flüstern ihres Gewandes war bereits die Rede. Im Vergleich zu einer früheren Situation blieb das Fenster diesmal allerdings geschlossen.

»Melodik«, sagte sie jetzt, »in meinen Seminaren beschäftige ich die Teilnehmer mit Melodik, mit Harmonie, Spannung und Auflösung in ihren Reden. Viele Mitglieder von Vorständen halten Schreien oder Brüllen für eine Lösung. Ihnen kann ich leicht helfen, wenn ich über koreanische Zitherinstrumente und die Angst der Schamanen vor dem Schrei rede.«

Meine japanische Freundin hatte bereits mit ihrer Bemerkung über Johannes Kepler einen klugen Schwenk des Themas vollzogen, weil unser Gespräch – wie alle Gespräche über Talkshows – im Begriff stand, auf das ekelhafte Niveau des gerade verhandelten Anlasses herabzusinken. Gern kam ich daher auf eine Frage zurück, die mir ihr Stichwort »Schrei« geliefert hatte.

»Damals, bei unserer ersten Begegnung in der Bibliothek in Tokio, hast du mir von den vier falschen Tönen erzählt, welche die Angehörigen der kaiserlichen Leibgarde hervorbringen. Ich erinnere mich noch genau an diesen schrecklichen Schrei, der den Tee aus meinem Becher schwappen ließ.«

»Gestern hätte ich mir gewünscht, ich würde den richtigen Schrei beherrschen. Die Garde übt ihn immer nur bis zu einer bestimmten Höhe. Genau gesagt in zwei mal zwei Varianten der Kopfstimme. Träfen sie den Ton korrekt, fiele der Gegner sofort zu Boden, tödlich getroffen vom Schall. Als Erstes zerplatzen die Lungen, daher bleibt es nach dem Schrei auf dem Schlachtfeld unheimlich ruhig. Klar, dass man diesen Schrei beim Üben stets nur andeutet.«

Wir hatten gestern bei der Übertragung der Talkshow zweimal einen kompletten Tonausfall registrieren müssen. Keiner der Zuschauer bemerkte das, weil wir einfach die bereits bespielten Bänder noch einmal starteten. Sie passten hervorragend auch zu den neuen Bildern. Hatte Toshiko …?

»Die Versuchung war groß«, sagte sie, »in dieser Runde wenigstens anzudeuten, was es mit dem richtigen Ton auf sich haben kann. Doch du musst zugeben, dafür ist eine Talkshow in eurem Fernsehen nun wirklich ein viel zu banaler Anlass.«

Dialogannahme

Eins

Recht auf den Punkt gebracht, fand ich den Zusammenhang zwischen geschäftlichem Erfolg und gutgesetzten Worten durch ein Schild, das mir erst vor wenigen Wochen auffiel. Die Erleuchtung trug sich an einem Sonntag zu, als ich mein Fahrzeug, dessen reibungsloses Funktionieren von einem Kirschkern durcheinandergebracht worden war, zur Reparaturwerkstatt in der Nachbargemeinde brachte.

Der Tag des HERRN ist uns im Oberland heilig, alle Tore der Anlage waren somit geschlossen. Doch ein Schild verwies die an Sonn- oder Feiertagen Gestrandeten auf einen markierten Platz, auf dem sie ihr Auto abstellen konnten. Ein weiterer Pfeil zeigte auf einen Briefkasten, in dem Schlüssel, Zulassungsdokumente und Angaben über den zu behebenden Schaden deponiert werden konnten.

Während ich über eine Beschreibung nachdachte, in der die Begriffe »Kirschkern« und »Fensterheber« so auftauchten, dass der Verursacher des Schadens nicht ganz als der Trottel dastand, der er erwiesenerweise war, hielt hinter mir ein älteres Fahrzeug, dessen Marke und Herkunft sich mir weder auf den ersten noch auf den zweiten Blick erschlossen. Ein älterer, doch noch recht agiler Mann stieg aus. Wie es das Schicksal wollte, handelte es sich um einen Asiaten, und er schaute sich suchend um.

»Car need help«, sagte der Fremde und lächelte freundlich, *»maybe your car too.«*

Später sollte ich herausfinden, dass er nur deswegen eine rohe Form des Englischen angewandt hatte, weil er mich aus Höflichkeit sprachlich nicht überfordern wollte. Unsereiner praktiziert diese Art der Konversation gern, wenn er einem Ausländer aus Mittel- oder Südosteuropa gegenübertritt. Ob dahinter auch eine Form der Höflichkeit steckt, halte ich hier einmal offen. Ich bot dem Fremden an, ihm beim Abfassen der Schadensbeschreibung zu helfen. Präzision hilft in solchen Fällen bei der Kostenbegrenzung meist besser als eine wohlgemeinte Formulierung. Und die Stärke unserer Automechaniker liegt eindeutig nicht im Bereich des Fremdsprachlichen.

Es handelte sich um einen Lack- und Blechschaden, dessen Höhe mein neuer Bekannter, der übrigens aus Hongkong stammte, geschätzt wissen wollte. Er praktizierte in der Kreisstadt ein Heilverfahren, das sich »Traditionelle Chinesische Medizin« nennt und dessen Erfolg stark davon abhängt, was man der Weisheit Asiens alles zutraut.

Herrn Wong, denn so hieß der Herr mit dem Lack-
und Blechschaden an seinem Fahrzeug, war am Morgen
ein Patient beim Ausparken vor der Praxis in den Kot-
flügel gefahren.

»Er hatte nach der Behandlung wohl noch zu viel
von dem Element ›Feuer‹ in seinem System«, sagte Herr
Wong, »bei westlichen Patienten ist diese Gefahr stets
vorhanden. Gerade wenn die Symptome an einem
Sonntagmorgen auftreten. Ich habe viele Patienten, aber
es ist sehr schwer, ihnen die Zusammenhänge zu erklären. Man muss eine Sprache finden, doch sie leiden lieber stumm und ohne Inspiration.«

Ich überprüfte das Formular der Werkstätte noch
einmal nach vielleicht unausgefüllten Frageblöcken,
als mich Herr Wong fragte, ob ich mir nicht eine Part-
nerschaft in seiner Praxis vorstellen könnte. Seine frü-
here Partnerin, eine Taiwanesin, die nebenher noch Be-
triebsgeheimnisse bei Siemens ausspioniert hätte, habe
sich zurückgezogen, weil es bei der Firma nichts mehr
auszukundschaften gebe. Herr Wong legte dabei seinen
Kopf in den Nacken, schaute zum Himmel. Ich folgte
seinem Blick und stieß über der Werkshalle auf eine Ta-
fel, die in blauer Schrift verkündete: »Dialogannahme«.

Da ich auf dem Gebiet der Esoterik absolut unmusi-
kalisch bin, roch es in Wolfratshausen mit einem Mal
nach Vergangenheit und nach südchinesischem Meer.

Zwei

Ich bleibe dabei, dass es für einen Reisenden in China kein angenehmeres und zugleich billigeres
Erlebnis gibt, als sich einem der zahlreichen Fährboote
anzuvertrauen, die den Hafen zwischen Hongkong und
Kowloon durchqueren. Die kräftigen, grün und weiß
gestrichenen Schiffchen tragen die Namen von Sternen,
den Geruch der Dieselmotoren weht eine aufmerksame
leichte Brise davon, das kaum wahrnehmbare Schau-
keln und der Blick auf Dschunken, auf die flirrend hel-
len Hochhäuser mit ihren Lichtreklamen am jeweils anderen Ufer versetzten den Betrachter in einen Zustand
der energischen Beschwingtheit, nicht unähnlich einem
leichten Rausch.

Wie gesagt, es ist ein äußerst erschwingliches Vergnügen. Und eine Art Einstimmung war es auch damals, als Hongkong noch als eine Kronkolonie galt,
in der Geschäfte leicht von der Hand gingen und dem
Kunden beim Handel wunderbare Erzählungen als
Draufgabe eingepackt wurden. Auf einer der Überfahr-
ten lernte ich Yang kennen.

Yang schrieb Drehbücher, Schlagertexte, Kunstkriti-
ken doch seine Spezialität lag im Erfinden und Erzählen von Anekdoten, die, wie er sagte, zwischen Objek-
ten und Käufern »einen Lockruf« weckten.

»Sehen Sie das Hotel Hongkong dort drüben? Im Keller gab es früher einen Friseursalon. Der Chef des Salons war ein getarnter Admiral der japanischen Kriegsmarine. Seine einzige Schwäche war das Sammeln von Schnupftabakfläschchen. Nur die edelste Ware. Als er fliehen musste, versteckte er die wertvollsten Stücke unter fünf abgeschraubten Trockenhauben. Das jüngste der Mädchen, die im Salon den Kunden die Nägel pflegten, hat eine der Hauben an sich gebracht. Jetzt ist die Frau alt und muss verkaufen, herrlichste Fläschchen aus der frühen Ming-Zeit …«

An dieser Geschichte stimmte eine ganze Menge. Tatsächlich gab es im Hotel Hongkong einen Schönheitssalon. Es hatte dort in der Tat einmal ein japanischer Admiral als Friseur gearbeitet. Man kann leicht zahlreiche Schnupftabakfläschchen in einer Trockenhaube verstecken. Junge Mädchen, die einst Hände pflegten, werden alt, gewiss, daher vielleicht auch zum Verkauf wertvoller Gegenstände aus ungeklärten Besitzverhältnissen gezwungen.

Kein Zweifel, allerdings … richtig, in der Ming-Zeit gab es noch keine Schnupftabakfläschchen, schon gar nicht in der frühen Ming. Das Schnupfen kam erst mit der nächsten Dynastie.

Darüber lachten Herr Yang und ich herzlich.

»Eine gute Geschichte ist anregend wie eine leichte Schifffahrt und täuschend wie ein bunter Schmetterling«, sagte er fröhlich und rätselhaft, nachdem wir unsere Visitenkarten ausgetauscht hatten. Da waren wir bereits an Land. Warum nur hatte er »täuschend wie ein bunter Schmetterling« gesagt?

In der chinesischen Volkskunde stehen Schmetterlinge gemeinhin für Liebe und Treue, wenige Schlager kommen ohne sie aus, auf Stillleben sind sie allgegenwärtig. Manchmal bedeutet ihr Auftauchen auch einen Zweifel an der Identität. Das geht auf einen Philosophen zurück, der einmal träumte, ein heiterer Schmetterling zu sein, und sich hinterher fragte, ob nicht auch ein Schmetterling träumen könnte, er sei ein heiterer Philosoph. Wie das Rätsel gelöst wurde, weiß ich nicht mehr.

Oder kannte Herr Yang meinen Traum? In diesem Traum ging es nicht um Selbstzweifel, sondern um ein Gemälde, und es handelte sich weniger um einen Traum als um einen sehr konkreten Wunsch.

Das Rollbild, das ich begehrte, wurde dem Maler Qiu Ying zugeschrieben und hing in einem eleganten Antiquitätenladen nicht weit von der Anlegestelle der Fähre. Es zeigte einen kleinen Jungen, der seine Finger nach einem Schmetterling auf einer Blütenrispe ausstreckte. Dem Gesicht des Knaben war anzusehen, dass der Schmetterling gut daran täte, möglichst schnell davonzuflattern.

Warum ich das Gemälde so begehrte, ist mir auch heute noch nicht klar. Ich lebte damals in Hotels und anderen flüchtigen Unterkünften. Gut, ich suchte nach einer Wohnung, aber, recht besehen, war das kein triftiger Grund, mit der Inneneinrichtung anzufangen. Etwa mit dem Bild eines eher boshaften Knaben, der versucht, einen Schmetterling zu fangen.

Zudem wusste ich, worauf sich einlässt, wer auf eigene Faust in China ein Gemälde ersteht. »Zu teuer für eine Kopie und zu billig für ein Original«, sagte mein Freund Lothar, der sich auf den einschlägigen Kunstmärkten auskannte. Lothar hätte mir abgeraten, ein Bild von Qiu Ying zu erstehen. Doch der Freund kam erst in einer Woche wieder nach Hongkong.

Auch Herr Pang riet mir vom Erwerb ab. Herr Pang war der Verkäufer des Bildes, das schlicht »Junge mit Schmetterling« hieß und in dem teuren Antiquitätenladen hing.

»Wir wissen zu wenig über Qiu Ying«, sagte Herr Pang und gab dabei einen bedauernden Schnalzlaut von sich. »Der Maler gilt als einer der Vier Meister der Ming. Er muss im 15. Jahrhundert gelebt haben, vielleicht auch ein wenig später, aber er war unbedeutend, weil er kein Beamter war. Schon deshalb sind unsere Kenntnisse vergleichsweise gering. Er soll als Lackierer angefangen haben.«

Die unsichere Biographie hätte mich alarmieren sollen. Bedenklich war auch, dass sich Herr Pang einen braun schimmernden Kirschfinken als Spielvogel hielt. Das Tier folgte ihm überall nach, mal saß es auf seiner Schulter, mal pickte es mit seinem breiten Schnabel auf Preisschilder. Andererseits hatte ich ein befremdliches

Vertrauen zu seinem Besitzer gefasst, weil Herr Pang in seinem Mund nur einen einzigen Zahn trug. Der war aus Gold und glänzte bei jedem Schnalzen matt aus einem rosigen Gaumen. Ein Schwindler, dachte ich, leistet sich ein komplettes Gebiss.

Weiß man denn etwas von den Motiven, die der Maler Qiu Ying bevorzugt gemalt hat? Vielleicht Schmetterlinge oder kleine Kinder?

Qiu Ying, erfuhr ich, sei auf kein Motiv festzulegen. Er habe in großer Meisterschaft alle seine Vorbilder kopiert, bis auch die Zeitgenossen keinen Unterschied mehr zu den Originalen feststellen konnten.

Und seine Signatur?

»Das Bild ist mit dem Namen des Künstlers signiert«, antwortete Herr Pang schlicht und setzte den Kirschfinken auf seine Schulter, der zuvor Anstalten gemacht hatte, in die Zeichen zu picken.

In der Menge vor der Absperrung zur Fähre entdeckte ich Herrn Yang, der ernsthaft auf einen hageren Mann einredete, der durch seine Kleidung unschwer als Amerikaner auszumachen war. Herr Yang winkte und rief mir etwas zu, das aber im Lärm unterging.

Das war am Nachmittag, der Wind hatte etwas zugenommen, doch die Überfahrt zeigte sich von der gewohnt heiteren Seite.

Am Abend berichteten die Nachrichten von einer drastischen Abwertung des Hongkong-Dollars.

Am nächsten Morgen kaufte ich das Bild »Junge mit

Schmetterling«. Herr Pang stellte ein Zertifikat mit rotem Siegellack aus, das lediglich festhielt, die Signatur lautet Qiu Ying. Vom Etagenkellner ließ ich eine Flasche Sancerre auf mein Zimmer kommen und entwarf eine Lebensgeschichte der Familie des kleinen Jungen und des Schmetterlings.

Drei

Dieser Zustand, den man wohl als Glücksgefühl bezeichnen kann, dauerte nur deswegen nicht allzu lange, weil mein Freund Lothar frühzeitig von einer Konferenz in Tokio zurückkam. Im Flugzeug hatte er einen Biochemiker kennengelernt, der auch in unserem Hotel abgestiegen war. Ich bestellte eine weitere Flasche Wein und entrollte meinen neuen Besitz.

»Ein schönes Bild«, sagte Lothar, »gratuliere. Das ist ganz wichtig, dass du daran Freude hast. Ich würde nur ...«

»Wann war denn die Ming-Zeit?«, wollte der Biochemiker wissen.

»Ich würde nur an der Seite den Streifen abschneiden, wo die Signatur steht«, fuhr Lothar fort, »die stört. Denn ob es diesen Qiu Ying überhaupt gegeben hat, ist wirklich mehr als zweifelhaft.«

»Überraschend, dass man in China schon im 17. Jahrhundert mit Anilinfarben gemalt hat«, sagte der Biochemiker, »ein sehr ordentliches Blau.«

Die Erfindung der Anilinfarben wird einem gewissen Otto Unverdorben zugeschrieben, der damit 1826 Aufsehen erregte.

Ich schickte die beiden aus dem Zimmer und wählte eine der acht Nummer auf der blassblauen Visitenkarte des Herrn Pang.

»Denken Sie an den berühmten Philosophen, der nicht wusste, ob er ein Schmetterling sei oder das nur geträumt habe«, riet mir Herr Pang. »Ein gewisser Rest an Unsicherheit muss immer bleiben, doch wenn Sie morgens aufwachen, können Sie in den Spiegel blicken *und* auf das Bild, ganz zu schweigen von seiner Geschichte, und Sie können einen Dialog beginnen.«

Ich werde das Bild vielleicht nie hergeben.

Vier

Sie wollen jetzt vielleicht auch noch wissen, ob ich tatsächlich Teilhaber einer Praxis für Traditionelle Chinesische Medizin im Bayerischen Oberland geworden bin?

Herr Wong hat sich nicht wieder gemeldet. Dialogannahme verweigert.

Dafür korrespondiere ich regelmäßig mit seiner früheren Partnerin. Sie erinnern sich, die Dame, die sich anfänglich für Siemens interessierte. Vom Antiquitätenhandel habe ich ihr allerdings abgeraten.

Spätes Leid

Mein Großvater, der Vater meiner Mutter, war Schneider in Düsseldorf und hatte sich für seine Unsterblichkeit eine einzige Geschichte aus dem Ersten Weltkrieg gemerkt. Sie handelte von einer Übung der Kavallerie, einem Akt der Dressur, in dem mehrere Reiter vor einem ausgewählten Publikum auf ihren Pferden eine bestimmte Formation einnahmen, aber »es war eiskalt in der Reithalle, dicke graue Kristallschichten auf den Fenstern, und dann brüllte der Leutnant: …«.

Alle Enkel wussten, was jetzt kam:

»Und dann brüllte der Leutnant: ›Neuhaus an die Tête!‹, und dann bin ich nach vorne geritten und habe die Tête gemacht.«

Da er sich, obzwar aus dem Sauerland stammend, im rheinischen Dialekt am meisten daheim fühlte, sprach Großvater das Wort »Tête« so, als würde es mit zwei verschiedenen deutschen Umlauten geschrieben, die beide in wechselnden Tonhöhen und -stärken gewichtet werden müssten. Er sagte: »Tää-tö, Neuhaus an die Tää-tö.«

Vermutlich ging es um eine Parade militärisch brauchbarer Hengste, vielleicht wurde auch in der kalten Reithalle eine Quadrille vorgeführt, meine Erinnerung kann hier mit keinen Details aufwarten. Das liegt jedoch an Großvater, der für den Höhepunkt, gleichsam die Summe eines sehr langen und ereignisreichen Lebens, nur die Schilderung seines befohlenen Rittes an der Spitze einer Formation einsetzte, die vielleicht eine Quadrille, vielleicht auch nur die Brauchbarkeit von ein paar Hengsten für den Militärdienst vorführte. Gut, er erwähnte noch die grauen Eisblumen vor den Fenstern der Reithalle. Aber für eine Geschichte, die in den nachfolgenden Generationen fortleben sollte, war die Anekdote eine karge Kost, die auch dadurch nicht an Glanz oder Opulenz gewann, dass sie, Familientag um Familientag, schmucklos originalgetreu wiederholt wurde.

Dabei hatte es, so fand die Familie nach seinem Tod heraus, durchaus nicht an Begebenheiten in seinem Leben gefehlt, die, mit einem kleinen rhetorischen Schliff vorgetragen, für Abwechselung von der kargen Routine hätten sorgen können. Im Gegenteil, mein Großvater schien das Leben eher von seiner abenteuerlichen Seite genommen zu haben: hier ein geschäftlicher Konkurs, dort eine heimliche neue Eheschließung, dazu ausgelassene Postkarten aus Nordseebädern, unterzeichnet und mit einem gemalten Herz versehen, mal von einer gewissen Lieselotte (»Deine Zuckerschnecke aus Bad Oldesloe«), mal von einer Ingeborg, um hier nur einen kurzen Einblick in seine umfangreiche Korrespondenz zu gewähren.

Nicht alle diese Episoden werden sich gleich gut für eine Nacherzählung angeboten haben. Gerade die Passagen, die man in der Sprache der Zeit als »süffig« bezeichnet hätte, dürften, um in dieser Sprache fortzufahren, nicht für Kinderohren bestimmt gewesen sein.

Andererseits fiel mir schon sehr früh auf, dass der Großvater in anderen Belangen, die auch mit seiner Biographie zu tun hatten, von großer, wenn auch wortloser Ausdruckskraft war. Das begann naturgemäß mit seinen Anzügen, deren Stoff und Schnitt ein Fest für das Auge waren. Glanz ging auch von seinen Schuhen aus, vom Silber seiner sorgfältig gebürsteten Haare, selbst von dem Streifen rosiger Kopfhaut, die der exakt gezogene Scheitel preisgab. Und wenn die Augen sich sattgesehen hatten, blieb der Gesellschaft die Erinnerung der Nase, der strenge Geruch des Kölnischwassers als Krönung der Rasur und der herbe Duft von Lakritzpastillen, die der Großvater sich nach jeder Mahlzeit sehr schwungvoll auf die Zunge legte, um, wie er überraschend ausführlich darlegte, »meine persönliche Mundhygiene zu pflegen«.

Man kann also von meinem Großvater keineswegs als von einem spurenlosen Menschen reden, nur vertraute er diese Spuren gleichsam dem stummen Teil des Gedächtnisses seiner künftigen Nachwelt an. Als Wortbeitrag blieb jedoch allein jene Szene aus dem Reitersaal beim Militär:

»Neuhaus an die Tête.«

Ich war damals in einem Alter, in dem man, wie es heißt, gewisse Fragen stellt, was dem Großvater nicht sonderlich behagen konnte. Andererseits fühlte er wohl, dass seine Position in unserer Familie eher die eines eigenbrötlerischen Außenseiters war. Meine Neugier zog ihn, wenn auch nur sehr geringfügig, näher ins Zentrum.

Einmal wollte ich von ihm erfahren, ob er ein Stutzer gewesen sei. Den Begriff glaubte ich aus einem Roman von Karl May zu kennen. Im Klang des Wortes schwang Abenteuerliches, das in meiner Vorstellung mit Handfeuerwaffen und Gefechten, natürlich mit Pferden und zugleich mit schwingenden Röcken und tief ausgeschnittenen Blusen zu tun hatte.

»Bist du eigentlich ein Stutzer, Großvater?«, wollte ich wissen.

Die Tischrunde lachte, doch sie lachte ohne Behagen. Kinder durften aufgeweckt sein, sollten aber nur reden, wenn sie zuvor angesprochen worden waren.

Mein Großvater senkte den Kopf.

»Das ist keine ordentliche Frage«, sagte er schließlich, stand auf und blickte auf die Straße.

Erst Jahre später begriff ich, dass dem Großvater alle Fragen Angst machten, die ihm eine Erklärung abverlangten. Am peinlichsten waren Erkundigungen nach Kapiteln seines Lebens, mit denen er abgeschlossen, die er wortlos trotzig begraben hatte.

In seiner Abwehr lag mehr als nur das verständliche

Verdrängen von Ereignissen und Handlungen, die ihm im Nachhinein traurige Erinnerungen hätten bescheren können. Insgeheim gab er wohl nie die Hoffnung auf, dass alles, worüber nicht geredet würde, auch nicht stattgefunden haben könnte.

»Was soll man darüber auch reden«, sagte er, als wir, es war ein kalter, sonniger Wintermorgen, mit dem Auto vorbei an raureifverzierten Korbweiden am Wegrand und zugefrorenen Flussarmen auf einer Landstraße am Niederrhein fuhren. Großvater hatte sich als Geschenk zu Weihnachten gewünscht, »noch einmal« Zandvoort, den Badeort an der holländischen Nordseeküste, zu besuchen, der in seinem Leben offenbar einmal von sentimentaler Bedeutung gewesen war. Über die genauere Form dieser Bedeutung des Herzens erging er sich nicht einmal in Andeutungen.

»Was soll man darüber auch reden«, hatte er schon am Heiligen Abend gesagt.

Die schnelle Fahrt über die Autobahn zum Zielort lehnte der Großvater übrigens ab, »weil es die ja früher auch nicht gab, damals fuhr man mit der Eisenbahn dorthin, direkt bis ins Kasino«. Danach hatte er nur stumm die vorbeiziehende Landschaft betrachtet.

Das Wort »Casino« blieb der einzige Hinweis, der zumindest einen neugierigen Blick auf den einen kleinen Spalt geöffneten Theatervorhang vor einem kleinen Stück aus der Vergangenheit des Großvaters gestattete, ein Wort als Programmzettel.

Wir erreichten Zandvoort gegen Mittag, der kleine Ort war fast menschenleer, unter dem weit aufgerissenen Himmel schimmerte der verblasste Putz der geschlossenen Vergnügungslokale in poetischer Trostlosigkeit. Ein schneidend kalter Wind fuhr aufbauschend in die Umhänge der Spaziergänger, die verloren am Sandstrand flanierten.

»Das Kasino soll in der Badhuisplein liegen«, sagte ich, nachdem ich in einem alten Reiseführer geblättert hatte, »sehr weit kann das nicht sein. Es ist aber auch nicht auszuschließen, dass es noch nicht geöffnet hat, heute ist Sonntag, und in Holland nimmt man kirchliche Feiertage ernst.«

Großvater hielt den Kopf zur Seite geneigt, als lauschte er aufmerksam den Wellen, die verhalten gegen den Strand schlugen.

»Sandstrand bedeutet immer auch Salz«, sagte er, »für Lederschuhe ist das nicht gut. Lass uns bitte jetzt zurückfahren.«

Für den Heimweg nahmen wir die Autobahn.

Hinter der Stadt Arnheim, kurz vor der Grenze, stellte ich die längst überfällige Frage: »War es eine Angelegenheit des Herzens oder ging es um Glücksspiel?«

Wie damals, als ich von ihm wissen wollte, ob er ein Stutzer gewesen sei, senkte der Großvater den Kopf.

»Was soll man darüber auch reden«, sagte er, nachdem wir die Zollschranken passiert hatten.

Trauerrede

Es gab eine Zeit, »da verriet allein das Auge die Trauer des Herzens«, da kannte man die Große, die Kleine, die Kurze Trauer, die Kammer- und die Hofklage.

Vieles vollzog sich naturgemäß hinter einem schwarzen Trauerflor, der aber nicht hochgeschlagen werden durfte, wenn gebetet, gepredigt, ein Leichengedicht oder die Totenrede vorgetragen wurde.

»Kaum zu glauben«, sagt der Pfarrer, der mich bat, ihm von meiner Mutter zu erzählen, die übermorgen beerdigt werden soll.

Wir sitzen an einem mit Wachstuch bedeckten Tisch im gelb getünchten Refektorium. Hochwürden hat vor sich einen grauen Spiralblock liegen und einen Kugelschreiber in der Hand. Wenn er diesen schräg hält, schwimmt am oberen Ende ein bunter Fisch hinter einem Plastikfenster träge nach oben.

»Kaum zu glauben«, lässt der Geistliche noch einmal verlauten. Doch seine Verwunderung bezieht sich nicht auf das Leben meiner Mutter, sondern auf eine Meldung, die gerade aus dem Radio im Nachbarzimmer zu uns dringt: Der FC Bayern München hat im Lokalderby gegen den TSV 1860 das Ausgleichstor geschossen.

»Die Mutter war sicher ein guter Mensch«, sagt der Pfarrer und lässt den Fisch herabschwimmen.

Ich erzähle vom Tod meiner Brüder und den Bemühungen der Mutter, in Lateinamerika Patenschaften für Waisenkinder zu übernehmen. Ihrer Angst, von »falschzüngigen« Geschäftemachern betrogen zu werden, und ihrer Skepsis, die strahlenden Gesichter der aus Lima oder Bogotá zugesandten Fotos als die ihrer eigenen »Patenkinder« anzuerkennen.

Der TSV 1860 München geht bis zu meinem Abschied noch zwei Mal in Führung, genauso häufig gleicht die Mannschaft des FC Bayern wieder aus.

»Ich halte für meine kurze Ansprache einmal ›gute Werke für die Kirche‹ fest«, sagt der Pfarrer und schlägt ein neues Blatt auf.

In der Predigt während der Totenmesse wird der Pfarrer den Namen meiner Mutter mit dem einer anderen unlängst Verstorbenen verwechseln. Dafür entwirft er ein sehr schmeichelhaftes Bild von ihrem missionarischen Wirken, ein Bild, das nahelegt, sie sei die alleinige und zentral treibende Kraft hinter dem Hilfswerk Misereor im Afrika südlich des Äquators gewesen. Das mag zur Unsterblichkeit meiner Mutter unter den Zuhörern beigetragen haben, doch da zu ihren vielen Vorzügen auch eine große Bescheidenheit, ja Demut zählte, wird sie sich beim Lauschen im Jenseits nicht allzu sehr darüber gefreut haben.

Zugegeben, es handelt sich bei dem gerade geschilderten Fall um einen schmerzlichen, doch bereits ein paar Jahre zurückliegenden Einzelfall aus meiner Familie, dem eine oberflächliche Lesart auch noch den Vorwurf eines nur schlecht versteckten Antiklerikalismus einbringen könnte.

Daher zögere ich auch, bevor ich das nächste, beim Niederschreiben noch ganz frische Beispiel hier zu Papier bringe. Es berichtet leider wiederum von einem katholischen Geistlichen, der auf der Trauerfeier für einen in der Nacht zuvor tödlich verunfallten Politiker die Worte fand: »Ich vertraue darauf, dass Gott ihn besser kennt als wir alle« – ein Bekenntnis, an dem, rein theologisch betrachtet, überhaupt nichts auszusetzen ist. Dennoch gibt der Blickwinkel *sub specie aeternitatis* nur eine von mehreren möglichen Perspektiven frei, das Leben eines Verstorbenen in ein helles Licht auch für die ihn überlebenden Sterblichen zu rücken. Wir sind alle Sünder, klar, und DER HERR muss, ER wird, ER kann schließlich nur das Gesamtbild im Auge halten, da hat der Geistliche schon recht. Doch den Trauernden in der Kirche oder am frisch geschaufelten Grab wäre dennoch wenigstens der Trost zu wünschen, einen beachtlichen Teil ihres Lebens nicht in der Gesellschaft eines moralisch zumindest fragwürdigen Subjektes verbracht zu haben.

Es stellt sich die Frage nach abgefederter, nach erträglicher Ehrlichkeit angesichts eines menschlichen Verlustes, nach einer versöhnlichen Abgleichung von Schuld, nach milde abgeschliffenen Kerbhölzern.

Und warum auch nicht? Es gilt ja zu bedenken, dass eine befremdlich wachsende Zahl von Zeitgenossen testamentarisch bereits zu Lebzeiten festgelegt hat, dass zu ihrem Abschied von dieser Erde nur Musik ertönen möge. Kein Wortbeitrag, jedenfalls keiner zur eigenen Person. Selbst in der Eloge wittert der Testamentschreiber noch das Risiko. Vielleicht ein paar Sprüche aus der Bibel, vielleicht ein Gebet, doch keinesfalls, so der Letzte Wille, unter keinen Umständen eine Rede, die Bezug nimmt auf den gerade Verblichenen.

Man kann hier einwenden, dass in den letzten Jahren die Professionalisierung der Trauerrede zugenommen hat, dass berufliche Trauerredner zu Helden vorzüglicher deutscher Romane avanciert sind. Doch noch überwiegt die Furcht vor Aussagen, wie wir sie leider nur zu deutlich im Gedächtnis haben und die alle mit äußerst unglücklich gewählten Formulierungen ansetzen:

»Wir wollen hier nicht des Scheiterns gedenken, wir wollen vielmehr …«

oder:

»SEINE Güte erweist ER, da dürfen wir dem biblischen Gleichnis vertrauen, eben auch den schwarzen Schafen, daher sind wir voller Zuversicht, dass …«

oder:

»Kein Mensch ist ohne Fehler, aber wir kennen eben auch einige lichte Seiten …«

Nicht nur das Routinierte, auch das Gutgemeinte hat in Situationen großer emotionaler Belastung leider oft den Verlust von großen Partien des Verstandes und des angemessenen Taktes zu beklagen.

Ist dagegen ein Kraut gewachsen? Wir denken, schon. Allerdings bedarf es der Pflege.

»Zu Luthers Wort wir stehen fest, er hat uns Sprach gegeben«, hieß es früher unter Protestanten. Das weht von ferne, doch liegt auch Trost darin. Musik bleibt uns immer noch.

Ambach

In Ambach wird von einem Mann erzählt, dem in der Welt etwas Bewegendes zustieß, was genau, weiß niemand, der dann zurück in unser Dorf kam, sich in sein Bett legte und nie wieder mit irgendjemandem ein Wort wechselte. Er blieb einfach dreißig Jahre stumm. Tauschte nicht einmal mit dem Pfarrer einen Gruß aus, als der nach ihm sah. Er habe einen langen weißen Bart getragen, berichtet der Pfarrer heute, mehr darf er nicht preisgeben.

Einige Kinder wollen beobachtet haben, wie der Mann einmal an sein Fenster trat. Das muss sich aber in der Dunkelheit abgespielt haben, nicht auszuschließen auch, dass den Kindern die Einbildung einen Streich spielte oder sie sich voreinander wichtig machten.

Unser Dorf ist klein und nur an sonnigen Wochenenden geheimnislos, wenn laute Besucher aus der nahe gelegenen Landeshauptstadt mit ihren noch lauteren Fahrzeugen über die kleine Straße herfallen und im Wirtshaus dröhnend davon erzählen, wie es um ihre Verwandten, um die Politik der Landesregierung oder ihre persönliche Geldausrüstung bestellt ist. Unterhaltung kann man diesen Austausch von Informationen nicht direkt nennen. Das Geschrei der Kinder, die im Gang auf den Knien ihrer Designerhosen schlittern, ist noch am leichtesten zu ertragen. Kindergeschrei zählt zu den Sommerlauten.

Nach solchen Wochenenden wird es bei uns besonders still. Man hört nur den Fischer Strobel, der in der Frühe mit dem Motorboot zu seinen Fangplätzen ausfährt. Die Turmuhr in der kleinen Kirche von Holzhausen kündigt in regelmäßigen Intervallen vom Fortschreiten der Zeit. Wenn Sepp ins Holz geht, kreischt seine Säge, oder es plonkt und schmatzt seine Axt. Im Wald probt er seine Texte fürs Theater, doch das hören nur die Bäume. Manchmal singen die Nonnen. Mehr wird dem Ohr weder geboten noch zugemutet. Der Bruder von Sepp wird Muffel genannt. Er wohnt in einem großen, von vielen lebhaften Geistern verlassenen Haus.

Einige Einheimische meinen, dass unserem Dorf ein sonderbar schwermütiges Schweigen eigentümlich sei, und sie vermuten einen Zusammenhang von Kummer und Sprachverlust in der Gemeinde mit dem Verlauf der unterirdischen Gewässer, die in den See führen. Das taugt als Erklärung aber nur für die Bewohner, die ohnehin daran glauben. Andere nennen die Vereinsamung durch den nachlassenden Schiffsverkehr als Grund. Es gibt nämlich ein Nachbardorf, das nicht am See liegt, dort gelten die Menschen auch als wenig gesprächig, was ebenfalls mit mangelnder Verkehrsverbindung erklärt wird: Es ist noch nicht viele Jahre her, seit der erste öffentliche Bus jenen Ort ansteuerte. All diese Erklärungen können, müssen aber nicht zutreffen, meist werden sie dem Fragenden nur zugeraunt.

Wer sich bei uns laut ausdrücken will, der schließt sich eher der Blaskapelle an. Auch das ist ja eine Form der Kommunikation, und wenn sie mit Kunst betrieben wird, kann sie dem Zuhörer mehr Freude bereiten als, sagen wir, der Bericht eines unserer Bauern, den der letzte Krieg bis nach Stalingrad getrieben hat und der nach vielen Schnäpsen immer wieder dieselbe Szene des Grauens beschwört – oder beichten will. Von einer Erzählung oder gar einem Gespräch wollen wir hier nicht reden.

Auch an Hansi muss man in diesem Zusammenhang erinnern. Hansi hat das Schicksal so übel mitgespielt, dass er in Dachau im Konzentrationslager landete. Nach seiner Rückkehr konnte er nur noch Laute hervorstoßen, die ausschließlich seine engen Freunde verstehen. Laute des Glücks und der Klage. Das schließt Hansi nicht von unserer Gesellschaft aus. Wenn es schwierig wird, ihn zu verstehen, übersetzt die Michi aus der Küche. Und antworten kann man schließlich auch mit kleinen Geschenken, mit einem Maßkrug oder einem Schweinsbraten, den Sepp ihm am Wochenende auftischen lässt.

Das deutsche Wort »Unterhaltung« redet in mehrere Richtungen. Die Strengen in unserem Dorf, in unserer Welt, versprechen selten Kurzweil, wenn sie sagen: »Darüber müssen wir jetzt unbedingt reden.« Hier kündigt sich ein Wortwechsel an, in dem der Donner des Ewiggültigen grollt. Ein Recht ist verletzt, ein Anspruch missachtet, eine Wahrheit entstellt worden. »Gib doch zu!«, lautet der Imperativ, das verbale Knochengerüst dieser Aussprachen. Klagen und Gegenklagen. Meist geht es dabei um Grenzverläufe, um Erbgeschichten, kurz: um Materielles in einer gänzlich unpoetischen Form.

Das soll, versicherte mir Frau Hittmann, genannt »die alte Hitti«, ganz anders gewesen sein, als noch Tante Anni die Poststelle des Dorfes führte. Hitti war die Betreiberin des kleinen Kaufladens neben dem Wirtshaus, eine strenge, doch liebenswerte Geschäftsfrau, die aufregend neue Regeln in die Gesetze der Grundrechenarten einführte, wenn sie arglos fremden Kunden den Preis für ihre Semmeln oder Wurstscheiben multiplizierte. Das war ihr Beitrag zur Umverteilung des sozialen Reichtums. Manch einer erlebte hier zum ersten Mal das Wunder des exponentiellen Wachstums.

»Die Anni hat auch immer für Ausgleich gesorgt«, behauptete Hitti, »schon damit nicht immer nur *einen* mit der Post gleich das ganze Unglück trifft. Man muss doch die Nachrichten auch verteilen können, hat die Anni gesagt, ein schönes Paket spricht schließlich eine andere Sprache als ein Brief von der Gemeinde.«

Wie immer sie das angestellt haben mag – und wenn die Hitti da nicht einiges verwechselt hat –, Tante Anni hat die Kunst der Konversation begriffen. Denn es geht um eine Kunst. Um Geben und Versagen. Wenige Jahre nach ihrem Tod wurde übrigens die Poststelle im Dorf geschlossen. Man munkelt, es sei ein letzter Sieg des Mannes mit dem langen weißen Bart gewesen. Dennoch dürfen wir den Mut nicht verlieren.

Register

Affenmaske 100
Anilinfarbe 154
Antiklerikalismus 165
Antiquitäten 103, 150, 155
Arrestzelle 71
Ayurvedische Medizin
  96, 97

Barkasse 100, 101
Belcanto 135
Bhod Gaya 137
Bloggen 67, 69
Bluse mit Rüschen 110
Bocksgesänge 60
Brendel, Alfred 113, 115
Buddhismus 114

Corpus Delicti 125

Deutsche Demokratische
  Republik 44
Dresscode 92
Dummheit 47

Earcatcher 31
Einstein, Albert 109, 110
Eröffnung,
  jereminadische 58
Erwartungsdruck 32
Fastenpredigten 133

Faust 125
FC Bayern München 164
Fee, gute 86–90
Feng-Shui 104
Floskel 33
Frühaufklärer 134

Gastmahl, japanisches 114
Gogol, Nikolai 105
Große, Kleine, Kurze
  Trauer 163
Große Proletarische
  Kulturrevolution 120
Guantánamo 78

Hamlet 54
Hammer 11

Hassprediger 66
Haus der 101 Biere 77
Hitler, Adolf 123–127
Hodensack 123
Hof-, Kammerklage 163
Hongkong-Dollar 152
Hörfunk 50

Internationaler
    Automobilsalon 90
Introitus 39, 40

Jean Paul 127
Jeremias 61
Jereminaden 61
Journalismus,
    investigativer 140

Kaiser von Japan 113, 115
Kaiserliche Garde 135, 137,
    138, 142
Kant 67, 131
Kasino 117, 118, 161, 162
Kepler, Johannes 141, 142
Kissinger 131
Klage 57–63, 171, 172
Klimt, Gustav 108
Konzentrationslager 171
Kronkolonie 148
Kulturwissenschaftler 67
Kummer, Ernst Eduard 93
Kümmernis, Heilige 94, 96
Kunst des
    Weglassens 139

Leib-Seele-Problem 27
Liebeskunst 80
Lourdes 42
Luhmann'sche
    Interpenetration 77

Mahlstrom 130, 131
Mama 69
May, Karl 160
Ming-Zeit 149, 151, 153
Misereor 164
Moostierchen 69
Mots d'amour 82, 83
Mundsperrer 25
Mundwerk 13, 14
Musica mundana 141

Narrative 85, 88
Nebengeräusche,
    spirantische 51

Omi 125–127
Osaitentu otoastu 115

Papageien 12
Papiertiger 122
Pinocchio 105
Proliferation von
    Nuklearwaffen 118, 119
Psychosomatik des
    Dentalbereichs 25

Quantenmechanik 110
Qui Ying 150–153

Rededuell 140
Redenschreiber 130, 131, 133
Relief 49
Rote Armee 124

Sander, Jil 62
Säugetier 60
Schadensbeschreibung 146
Schatzsucher 100, 104
Schmetterling 77, 149–154
Schnabel, Gotthold Ephraim 134
Schnapphahn 129
Schnupftabakfläschchen 149
Shakespeare 13, 57, 58
Soldateska 137
Sprachbild 123, 124
Sprache eines Strichmännchens 21
Sprachverlust 170
Sterne, Laurence 105
Stufengebet 41
Stupa 103
Stutzer 160, 162
System 68

Tankas 104
Tête 157, 160

Theorie des kommunikativen Handelns 76
Tischreden 114, 115
Totenmesse 164
Traditionelle Chinesische Medizin 146, 154
Trauerrede 163–167
TSV 1860 München 164

Übersprungshandlung 121
Untermann 58, 59

Vater-Imago 26
Vatikanbank 42
Verführung zur Rede 20
Verkehrsform, trappistische 18
Vernissagen 87
Völler, Rudi 131
Volksbefreiungsarmee 73
Volksrepublik China 44, 75, 117, 119

Wiener Sezession 108
Wirtschaftswissenschaftler 67
Wortklauber 66
Wortprogramm 50

Zadek, Peter 131